AF368014

LATIDOS
LA INFI
NITA. IN
VENCION
RODRIGO
SANCHEZ
NIETO

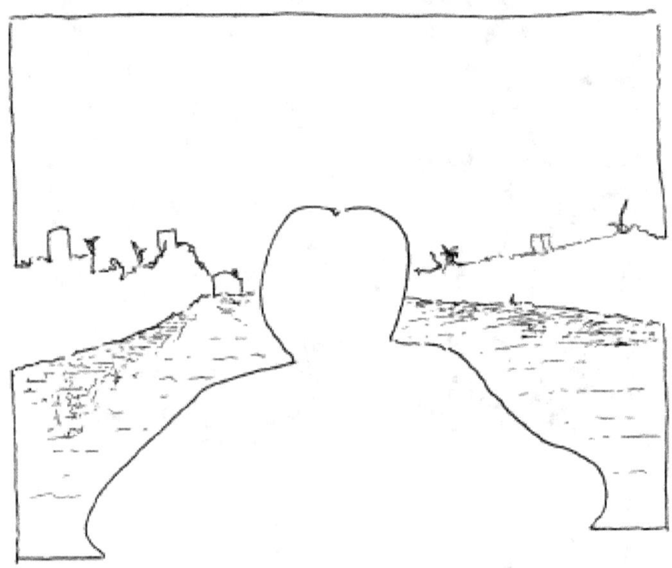

Los latidos nos bombean infinitas
oportunidades para inventar nuestra propia vida...

Francisco Sánchez

Ilustraciones: José Luis Sánchez

Índice:

<u>**Suave es el Cielo.**</u>

¿Ves a ese hombre? ¿El que está sentado en aquél banco con la mirada perdida y buscando cualquier razón para enfadarse con el mundo? Si, ese, justo ese, el que muestra un rostro de profunda consternación.

Ahora mira en la dirección contraria, a lo lejos, tumbada en el césped, hay una mujer. ¿Aprecias sus rasgos? Dulces, amables con la paciencia infinita iluminándole los ojos. ¿Sabes cómo se llama? ¿No? No te preocupes, yo te lo digo: su nombre es Marie.

Pero volvamos al hombre del principio, al que sus amigos, los pocos que tiene, llaman Fran apócope de Françoise. ¿Te puedes creer que a pesar de que hoy es un día soleado, el aire se respire puro y lleve el olor de la hierba fresca recién cortada, él no parece darse cuenta? ¡Todo es vida hoy! Los niños juegan y sus risas flotan en el ambiente recordándonos, a los que ya hemos sido pequeños, la alegría que se puede sentir aunque todo se derrumbe a nuestro alrededor. Pero Fran no parece oírlas, o al menos no se ha fijado en los chiquillos que tiene delante. Su pelo color caoba le cubre parte del rostro, como peinado así a propósito para ocultarse de alguna manera y lleva unas gafas de sol, para no mirar la vida a su alrededor quizá. Es extraño, porque es un chico guapo de apenas unos treinta años y por cómo va vestido parece que las cosas le van bien económicamente. ¿Entonces, porqué tiene ese aire tan adusto? ¿Es posible que se le haya acabado la fe en la humanidad? O que crea que no merece la pena vivir más. Lo único que podemos hacer desde aquí es elucubrar sobre cómo será su vida, que hará allí sentado un domingo por la tarde.

Mientras tanto Marie sigue tumbada en la hierba, sujeta un libro con ambas manos y lo sostiene en alto para poder leerlo. ¿Cuál es? ¿Alcanzas desde aquí a ver el título? ¿El Perfume? ¡Oh, que maravilloso! Pero es una historia un poco oscura, sobre todo para una chica como ella ¿No? ¿Te parece bien? Claro estoy de acuerdo: que lea lo quiera, ¿Quiénes somos nosotros para decidir lo que tiene o no que leer?.

Qué guapa es ¿verdad? El pelo rubio desbordándose como una cascada de oro sobre la toalla en la que está tumbada, los ojos verdes como el interior de un kiwi. ¿Qué dices? ¿Qué no te gusta esa comparación? Pero los kiwis son verdes. Está bien, está bien. Verde esmeralda ¿Mejor? ¿Sí? Bueno, pues sus ojos como las esmeraldas, y sus labios rojos y carnosos como el primer mordisco de una manzana. Ahora deja el libro ¿Nos habrá oído? No creo. Parece que algo le ha llamado la atención, se levanta y camina hacia delante, justo a donde está Françoise. ¡Anda! Si parece que a Fran se le ha caído algo y no nos hemos dado cuenta. Ya ha llegado Marie ¿Qué le dirá?:

-Disculpe, ¿Puedo ayudarlo?- Antes de obtener una respuesta ella ya se ha agachado a recoger el objeto caído. Es un bastón, pero más que un bastón de madera a los que estamos acostumbrados es como un palo largo acabado en una esfera y totalmente blanco, a excepción de una cuerda que cuelga del extremo superior para sujetarlo a la muñeca.

¿Es posible qué...? No, no puede ser, ¿O sí?. Claro, eso explica su mirada perdida, y porqué parecía no ver a los niños. Realmente no los veía.

-Gracias, muy amable.

-De nada. Me llamo Marie. ¿Y usted?

-Françoise, aunque me llaman Fran.

-Qué nombre más bonito. ¿Quieres dar un paseo Fran?

¡Vaya! Quién nos lo iba a decir. Fíjate en Fran ahora, ¿No notas el amago de una sonrisa sincera asomando a sus labios? ¿Es posible que haya recobrado la fe en la humanidad? Quién sabe, pero lo que sí es seguro es que el mundo todavía no ha perdido a esa gente que irradia felicidad, simplemente se esconden ya que parece que eso no está muy bien visto ahora. Curioso ¿No crees?.

Tierra Virgen y Madera Tallada.

Los picos se alzan hasta el cielo y caen con furia quebrando la roca. Las manos que los empuñan son negras y están llenas de cicatrices. Las piquetas vuelven a levantarse todas juntas y descargan un único golpe que estremece la tierra. Las piedras desprendidas ruedan colina abajo huyendo de sus agresores. La nota disonante de las herramientas al golpear es acompañada por una melodía de cadenas arrastrándose, cadenas que unen pies de caoba y que los atan uniéndolos a todos en un único ser. El Sol inclemente calienta furioso las pieles quemadas y estas contestan derramando gotas de sudor que se pierden entre las múltiples manchas de cientos de camisas roídas.

El restallar de los látigos compone el punto final de esta melodía. Chasquidos roncos que van acompañados de gritos de dolor. Sangre en la tierra virgen, escarlata en el polvo.

Las heridas se abren, pero no solo las del cuerpo, las de la mente, incurables, se instalan en los esclavos. Muchos caen, derrumbándose como la piedra partida: sus cuerpos negros y robustos desplomados sobre un suelo ardiendo. Es en ese momento cuando los oficiales temen por la integridad del grupo, tienen miedo de que alguna de las manos suelte el pico y cese su actividad presa del pánico por la presencia de la muerte. Por eso corren a donde está el fallo, abren la cadena y arrastran el cadáver fuera de la vista de los demás, dejando un surco en el suelo arcilloso. Pero los demás ni se inmutan, solo sienten envidia por el que acaba de morir y rezan porque sea eso lo que les pase a ellos en ese mismo momento.

Los ojos, del mismo color que la piel, están inyectados en sangre. Las finas partículas de tierra que forman nubes se les introducen en el iris provocando la salida de simples lágrimas. No son lágrimas de dolor, ni de pérdida, ni de nada, eso ya quedó muy atrás.

El marrón del cuerpo es adornado ocasionalmente por colores más intensos, como el morado provocado por los golpes o el rojo de la carne abierta y supurante provocado por los latigazos.

Corazones lacerados laten todos juntos, pues saben que solo ese sonido les une. Las cadenas son demasiado frías para transmitir sentimientos y los eslabones demasiado ariscos para permitir el paso de alguna sensación que pueda ayudar al compañero.

Las mentes abotargadas por el calor y confundidas por las alucinaciones buscan, anémicas, algún retazo de vida pasada. Hay veces que el rostro de cierta mujer aparece en una de ellas o el de un niño sonriente, incluso el de un perro con la lengua fuera. Pero de pronto el pico vuelve a besar la piedra produciendo ese sonido roto y las figuras se desvanecen como el polvo en el aire.

Obediencia, sacrificio, escoria, muerte, negros, basura, sangre, dolor, castigo, ley, son las palabras que la unidad es obligada a escuchar día tras día y con las que conviven intentando recordar si existían términos para describir cosas buenas o si son simplemente sueños incoherentes fruto del cansancio y el agotamiento.

De pronto la psique dormida de algún esclavo despierta y observa a su alrededor: ve que su mano, aunque parece ajena a su propio cuerpo, sujeta una herramienta capaz de hacer llorar a la tierra, mira sus pies sangrantes rodeados por el gélido hierro, luego observa a uno de los oficiales que se encuentra casi al final de la fila golpeando a algún compañero. Todo esto es procesado muy lentamente, el brazo se alza mientras las gotas de sudor caen al suelo, los ojos se mueven rápidamente de un lado a otro, todo parece estar sucediendo muy lejos, otro negro que está a su lado lo mira incrédulo y entonces, al cabo de un segundo, se oye un ruido metálico muy poco usual y los eslabones huraños se desparraman por todos lados a la vez que el pico se clava en la tierra de manera muy diferente a como suele hacerlo.

Todo sucede muy deprisa, un oficial viene corriendo, en la cara la expresión del terror escéptico, blandiendo el conocido látigo y lo descarga con furia contra el cuerpo esclavo. Pero algo poco común sucede y es que el ser que parece haber recobrado la conciencia no parece sentirlo a pesar de que la fusta muerde su piel rasgándola en inhumanas heridas.

El compañero que lo miraba no ha tardado en darse cuenta de lo mismo y hace algo parecido, solo que esta vez la tierra no siente la picadura del hierro pero si la calidez de la sangre. El oficial cesa en su empeño por devolver al esclavo a su sitio y cae al suelo con medio pico atravesado en el cráneo, el mismo suelo que acogió al otro negro en la muerte ahora lo espera a él.

Sin demora vienen más oficiales pero la unidad entera está ahora libre… ¡Libre! ¡Libertad! ¡Aun quedan palabras para describir cosas buenas, nunca han desaparecido!

Los negros se mueven rápido a pesar del agotamiento y las herramientas que les dieron como castigo por su color de piel son ahora las que les salvan del calvario.

En el caldeado ambiente se crea una melodía nueva. Notas fuertes de cadenas al romperse se mezclan con el contrapunto de huesos al quebrarse. El acero contra el acero aporta la cadencia necesaria y todo se une voluptuosamente con los gritos de libertad que profieren esas bocas de gruesos labios que fueron obligadas a callar para siempre.

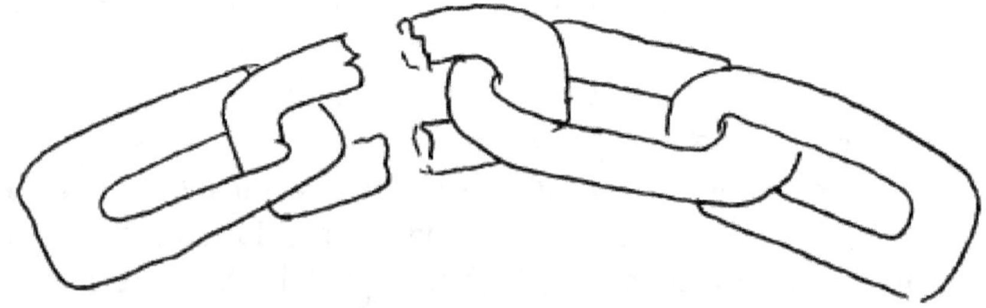

La Risa Ahogada de un Ser Oscuro.

Debes aprender que no es oro todo lo que reluce, que el mal acecha en inhóspitos lugares y que el Bien no es más que eso, el Bien: aburrido y monótono como siempre.

¿Quieres divertirte? Yo te doy la oportunidad. Ven conmigo allí donde la luz no llega, a aquel lugar que nos prohibieron nuestros padres, el que siempre tenía un cartel de prohibido el paso. Atrévete a romper las normas, deja que tu mente decida lo que es bueno para ti, porque lo que no nos mata nos hace más fuertes ¿no?.

Es sencillo, es fácil, da risa si lo piensas bien: solo tienes que cruzar al otro lado, dar un paso hacia ese mundo de sombras que se presenta oscuro y hostil pero que en el fondo no es tan malo ni tan perverso.

Se, aunque has intentado ocultarlo -y ¡oh pequeña! eso con nosotros no funciona-, que siempre has querido estar aquí, ver las cosas desde esta perspectiva y valorar el mundo, la vida, la muerte y demás cuestiones filosóficas con una mentalidad nueva, liberada de ataduras y tabúes que, entre tu y yo, es lo único que el Bien te ofrece.

Pero la decisión es tuya, decide pues cuál es tu bando pero recuerda que la Luz no es más que la ausencia de Oscuridad, que nada seria sin nosotros, que lo blanco necesita de lo negro para existir y que el Bien y el Mal en el fondo no son tan diferentes entre sí. Además aquí no hay castigos solo recompensas. En este lugar las reglas del juego son diferentes y los perdedores se convierten en ganadores.

Ahora te toca a tí, lanza los dados y mueve tu peón.

Familia Busca Difunto.

Es un día triste, a pesar de que no lo parezca.

El señor Smith, el bueno del señor Smith, ha muerto. Nunca le hizo daño a nadie, pero aún así está muerto. Ayer resbaló en la ducha con tan mala fortuna de dar con la cabeza en la cerámica lo que provocó que su cuello se quebrase de una forma insólita, causando la muerte en el acto. Bueno, al menos no sufrió demasiado.

Hoy es su funeral, se está celebrando en el jardín trasero de su casa. No hay mucha gente, solo familiares cercanos vestidos todos de negro y con la misma cara de tristeza, como si se hubieran prestado la expresión unos a otros. Hay camareros sirviendo sencillos entremeses y bebidas diversas, ninguna con alcohol claro. El féretro está situado justo en el centro del jardín, abierto para poder observar al difunto y rodeado con largos candelabros donde se consumen velas amarillas y coronas de flores que descansan a los pies del ataúd.

Lo más curioso no es que los asistentes al funeral, los pocos que hay, hagan caso omiso de los camareros o de lo que llevan en las bandejas, sino que todos están apelotonados en torno al señor Smith en completo silencio. Con las cabezas casi metidas dentro de la urna, como analizando el cuerpo para ver si detectan algún movimiento en el cadáver o se le ocurre decir alguna palabra que no haya podido pronunciar antes.

-Pero ¿Vosotros creéis que está muerto de verdad?- Pregunta, rompiendo el tenso silencio, la que fue suegra del difunto.

-¿Cómo no va a estar muerto mamá? —La que habla es la viuda del pobre señor Smith, que deja escapar alguna que otra lágrima acompañada de ciertos sollozos. -¿No ves la cara de muerto que tiene?

-Hombre, si es por eso, muy muerto no parece.- El hermano de la viuda y ex-cuñado del muerto es ahora el que se hace oír.- ¡Si tiene hasta rubor en las mejillas!

-Si, pero eso es el maquillaje que le han puesto los de la empresa esa de maquilla muertos. —Contesta su mujer, la del cuñado quede claro. —Tiene que estar muerto, porque sino ¿Qué hacemos aquí?

-¿Pero no oís como una leve respiración?- La suegra vuelve a hablar, dispuesta a destapar la mentira de su yerno. —No es muy fuerte, pero ahí está ese sonido.

Todos pegan la oreja al cadáver, y poco falta para que alguien se caiga dentro con él.

-Pues yo no oigo nada, yo creo que está muerto. Es que tiene que estarlo, porque sino este funeral no tiene sentido. Además era mi marido, ¿Quién mejor que yo para saber si está muerto o no?

-Pues yo que soy su madre.- Una nueva voz, que se había mantenido en silencio, se une al debate. —Y te digo que no está muerto. Mi hijo siempre fue muy de actuar y esas cosas y no sería la primera vez que hace algo así.

De pronto, interrumpiendo la discusión, un señor aparece por la puerta trasera de la casa. Va ataviado con una camisa negra y un alzacuellos, además porta una Biblia en la mano. Poco deja a la imaginación sobre su persona...

-Buenos días, sois la familia de Alfred Smith ¿Verdad? Cuanto lo siento, en serio...

-Un momento- Interrumpe la suegra cabezota- ¿La familia de quién ha dicho?.

-Del señor Smith, Alfred Smith, este es su funeral ¿No?. Siento la tardanza, pero es que había un atasco tremendo y no…

-Es que aquí no conocemos a ningún Alfred Smith- La cara del hermano de la viuda, que es ahora el que habla, expresa tanto desconcierto como la situación le permite.

-Pero ese de ahí es el señor Smith- replica el cura señalando el féretro abierto- Lo sé porque era un feligrés nato y venía todos los domingos a misa, le conocía muy bien. ¿Ustedes quiénes son?.

-Pues ahora que lo dice –La viuda ha dejado de llorar y sollozar y mira al frente con semblante pensativo- Yo creo que nunca me he casado…

-¡Anda claro!- Salta la madre y suegra.- Eso explica lo raro que se me hacía a mí tener yerno. Si ya decía yo…

-La verdad es que yo nunca he tenido un hijo. Solo una hija y tiene trece años….-Confiesa la supuesta madre del señor Alfred.

-Bueno, entonces nos vamos ¿No?- Dice el hermano de la presunta viuda. -¿Qué sentido tiene que estemos aquí si a este hombre no le conocemos de nada?

-Sí, sí. Pues tienes razón. Vámonos, porque aquí estamos perdiendo el tiempo.

Y puestos todos de acuerdo, y sin emitir ni una palabra más, salen del jardín trasero de una casa que no es suya ni de su marido, ni de su hijo, ni de su yerno, ni de nadie al que conocieran, dejando al cura plantado en medio del jardín sin saber qué hacer ni para quién pronunciar el funeral.

-Yo no sé qué está ocurriendo últimamente. Ya es la tercera vez en esta semana que me pasa una cosa así. ¡Será posible! ¿Pero qué interés tienen ahora las familias porque se les muera algún miembro? Como si no tuviésemos suficientes desgracias ya. Y espérate, que todavía el muerto sale del ataúd y me da los buenos días, que no sería la primera vez que me pasa. No me pagan lo suficiente para soportar esto, y quién diga que la Fe de Dios lo recompensa todo que venga y me lo cuente.

Pobre señor Alfred, ahí tumbado en esa especie de caja de madera…¿Es posible que haya movido un dedo? Sí sí, casi imperceptiblemente…¿Pero éste señor está muerto o qué? Bueno, dejémoslo estar, es un misterio que no nos compete a nosotros resolver…

Blanco Sobre Negro.

Estoy frente a ti y lo único que oigo es el leve crepitar del fuego allá a lo lejos. Mis ojos te recorren, examinándote palmo a palmo. Descubro curvas sinuosas, caderas redondeadas y perfectas, largos caminos que son tus piernas. Viéndote, así como te veo, solo puedo pensar en la maldita distancia que nos separa, apenas unos pocos metros vacuos y absurdos. Pero aun así no te acercas, ni yo tengo intención de encontrarme contigo, porque ya lo hicimos una vez ¿recuerdas?.

Ahora ya ni el fuego se escucha, el silencio lo inunda todo y hiere mi corazón con puñales de indiferencia. He llorado mucho y probablemente lo seguiré haciendo, pero el mundo nos necesita, tenemos que seguir con la función, nuestra vida requiere de protagonista y ya ha esperado bastante ¿no crees?. Continuemos entonces, deja a un lado la música que nos hacia bailar y yo soltaré las fotografías que encierran nuestro pasado.

Ahora sólo quiero desearte suerte, buena o mala ¿Qué más da?, y decirte que ha sido un placer haberte conocido.

La Última Taza de Té.

Un aroma a canela mezclado con el delicado dulzor de la lavanda y el jazmín viajaba por el aire adornando el frío ambiente y despertando los sentidos de Margaritte que estaba sentada frente a la chimenea. Una taza de té descansaba encima de una sencilla mesa de cristal y caoba y era la que desprendía tan grato olor. Margaritte la cogía de vez en cuando y daba un largo sorbo, dejando que el líquido caliente descendiese por su garganta inundándola de una cálida sensación.

Era una fría tarde de invierno en Londres y la nonagenaria señora que miraba el fuego crepitar lo sentía en los huesos. De un tiempo a esta parte sus huesos se habían ido deteriorando a un ritmo vertiginoso y ahora no había un solo día que no le recordasen la edad que tenía. Pero ese parecía ser el único achaque de la vejez ya que su rostro no era el retrato más fiel de los años: varias arrugas se hundían en su piel sí, pero todo lo demás estaba terso y firme. Hasta sus labios eran voluptuosos y carnosos y no estaban rellenos de ninguna sustancia que los hiciese así. Dicen que los ojos son el espejo del alma y los de Margaritte eran del color de la miel, sinceros y entrañables, bondadosos y cansados.

Los pechos algo caídos lógicamente, más su cuerpo recordaba a una mujer hermosa, hablaba de un pasado sexy y de curvas, que aunque algo indefinidas ya, lo formaban y lo moldeaban.

Margaritte era una mujer coqueta, ya de pequeña —en aquellos años tan lejanos- observaba a su madre pintarse el rostro como si fuera un lienzo, cepillarse el pelo hasta dejarlo suave y sedoso y aplicarse infinidad de perfumes cuyos olores no alcanzaba a recordar. Su madre fue una gran mujer y era ella la que le había inculcado la ciega pasión por las letras y la que le había convertido en la gran escritora que era hoy. Cuando falleció, dos años después de que lo hiciera su padre, un pedazo de su corazón se rompió pero nació un sentimiento que ensalzaba a la figura materna a la categoría de santa, un sentimiento de adoración tan inmenso que sólo pudo surgir tras el fallecimiento de la mujer.

De su padre, por el contrario, no había nada que recordar. Fue un hombre que nunca creyó en sus hijos y que no mostraba el mayor cariño por su esposa. Eso era lo único que había perdurado en la memoria de Margaritte.

Su pasado había sido muy agitado, su familia era precariamente humilde y aunque ella era la pequeña de una sucesión de siete hermanos y disfrutaba de la protección de sus progenitores no había tenido una infancia fácil. Además la Segunda Guerra Mundial les había arrebatado lo poco que tenían.

Pero, como dicen, hay que enterrar el pasado para resurgir.

Margaritte volvió a asir la taza de té y bebió. Hoy no se oían las conversaciones del personal de servicio que trabajaba en la gran casa. La radio tampoco escupía sonidos como normalmente era obligada a hacer a esa hora. Incluso las aves que se refugiaban en el jardín permanecían extrañamente calladas, como si presintiesen la cercanía de un hecho insólito.

La dulce anciana no paraba de mirar el baile austero de las llamas con una expresión de calma y paz, le hacía gracia por todo lo que había tenido que pasar para lograr un momento como aquél.

Siempre había sido una mujer que regalaba Amor. La primera persona receptora de ese regalo fue su marido Philippe, un apuesto hombre francés que le había dado tres hijos maravillosos que ahora se repartían por el mundo. Su marido fue la segunda persona, después de su madre, que se llevó un pedazo de su corazón al morir. La tercera y última fue August, alguien del que poco hay que decir puesto que no estaba destinado a abrir sus ojos en este mundo y nunca llegó a nacer.

Una lágrima escapó de los ojos de Margaritte, se deslizó por su mejilla surcando las arrugas de los labios provocadas por múltiples sonrisas y cayó al frío suelo de mármol donde se perdió para siempre.

Ya estaba preparada, era consciente de lo que venía a continuación como los elefantes cuando desaparecen para morir. Dejó la aromática taza de té en la mesa y revisó por enésima vez los sobres color crema que descansaban encima del cristal: las cartas de despedida habían sido escritas con pulcra caligrafía y bellas palabras. Tres sobres para tres hijos, ni uno más pues era innecesario.

No había querido hacer ningún preparativo adicional. Tenía la suerte de conocer el día exacto de su muerte, un regalo que Dios le había hecho o un onírico castigo, todo depende del punto de vista.

De pronto la quietud tomó el mundo, el fuego paró de bailar, en el exterior las hojas de los árboles quedaron suspendidas en el viento, los coches se silenciaron y hasta el frío desapareció.

Una luz blanca, suave y cálida, entró por las ventanas e inundó el interior de la casa, desdibujando las formas de los muebles, haciendo desaparecer la taza de té tras su inmaculado color, incluso ocultando el suelo, con lo que parecía que la anciana flotaba en una espesura nívea.

Tres formas avanzaron entre la luz, se presentaron frente a Margaritte y extendieron la mano, simplemente eso, no hubo palabras ni gestos ni nada tan humano, sólo una invitación.

Margaritte agarró la mano que le ofrecían sin dudar pues ella ya sabía que su hora había llegado.

Apaciblemente se adentró en la luz, acompañada de nuevo, como si los años nunca hubiesen pasado, por la presencia de su madre, su marido y aquél hijo que nunca llegó a conocer. Ellos le habían jurado que volverían a encontrarse y ahora cumplían su promesa.

Bono Morti Sociedad Anónima.

El edificio aparentaba normalidad. Era la clase de edificio aburrido con oficinas aburridas dentro y trabajadores muy muy aburridos que tomaban café o entraban en facebook sin que el jefe les pillara. La fachada era insulsamente blanca, con grandes ventanas que, por un extraño efecto óptico, no dejaban ver nada de lo que ocurría en el interior. Un gigantesco letrero de metal ligero rezaba en letras rojas: "La solución está aquí. No busque más, Bono Morti S.A es la respuesta."

Un hombre ataviado con un elegante traje y portando un maletín negro en la mano se detuvo y leyó el cartel.

-Bien, parece que es aquí.- Dijo soltando un suspiro típico de la persona que tiene algo que hacer y que no le agrada en absoluto.

Se acercó decidido a la puerta de entrada y la abrió. Dentro se podía haber celebrado perfectamente un funeral o cualquier acto que requiriese ambiente de luto pues el silencio imperaba sobre todas las cosas. No era un silencio amargo, ni uno de esos silencios incómodos que se generan entre dos personas que hablan y fingen al mismo tiempo, sino más bien un silencio vacío, un silencio propio sin el cual te sentirías extraño o incluso incompleto. El hombre lo notó y un escalofrío recorrió su espalda. Sus ojos se posaron lentamente sobre lo que parecía una salita de espera bastante poco trabajada: apenas cuatro sillas, una mesa comprada por piezas y montada lo más torpemente posible y una planta seca y marchita. Luego desvió la mirada hacia el otro lado y descubrió dos figuras, un hombre y una mujer, que hablaban en susurros detrás de un mostrador.

-Mira, un cliente.- Decía el de género masculino a su compañera en tono emocionado.

-Ya, y este déjamelo a mí ¿eh?.- Contestaba ella.

El hombre trajeado se acercó y dijo:

-Hola, buenos días. Vengo a...

-¡Hola, hola!- Dijo la mujer antes de que el otro acabara de presentarse. Y casi saltando por encima del mostrador se plantó frente al sorprendido hombre. -¿Qué tal todo? Bueno, que pregunta más absurda ¿no? Jajajaja. En fin, yo soy Evelyn y este de aquí Thomas. Nos alegramos de que haya usted venido aquí. Vamos a ayudarle en todo lo que podamos, usted no tiene que preocuparse por nada...

-No, si yo solo venía a por...

-¡Sí, sí! Lo sabemos, por eso estamos aquí. Ha hecho lo correcto, contratar nuestros servicios es lo más sensato. Bien, y ¿Qué tipo de suicidio podemos ofrecerle?.

-¿¡Cómo suicidio!? ¡Pero oiga...

-Bueno, bueno. Nosotros preferimos llamarlo Solución Definitiva, ya sabe, más poético ¿no? Jajajaja. Somos una empresa líder en este sector, quizá se deba a la poca competencia que tenemos, no sé, quizá...

Evelyn hablaba enérgicamente, casi sin dejar espacio entre las palabras. Había encontrado un cliente y estaba dispuesta a hacer lo que fuera para que no se marchara como los cincuenta últimos. Tal vez les asustó el precio... bueno, pero desde entonces ya los habían bajado.

-Oiga señora...

-Llámeme Evelyn.

-Bueno, Evelyn, yo no sé qué es esto de la Solución Definitiva ni quiero tener que ver en absolutamente nada, yo solo he venido a…

-Pero vamos a ver ¿No siente la necesidad de quitarse la vida? Seguro que hay algún problema que le atormenta enormemente y por eso estamos nosotros aquí.- Una sonrisa complaciente iluminaba su cara.

-No la verdad es que no. Mi vida es bastante buena…

-¿Nada? ¿Su mujer no le engaña? ¿Su trabajo no es absolutamente nefasto? ¿Ni siquiera su perro se hace pis en la alfombra y no puede hacer nada para evitarlo?

-No, no tengo perro…

-Bueno, la primera fase es la negación…

-Pero yo solo he venido, como llevo rato intentando decirle, a…

-A acabar con sus problemas claramente, le hemos visto leyendo el cartel de fuera.

-¿Ah sí?- Es lo único que alcanzó a preguntar, su mente era un mar de dudas, todo estaba sucediendo demasiado rápido y él nunca había sido una persona avispada con lo que le costaba reaccionar ante situaciones de este tipo.

-¿Bonito eh? Aún así no atrae a mucha gente, creo que debería ser más grande. ¡Thomas!- El interpelado sacó la cabeza de detrás del mostrador rápidamente, asustado. – El cartel tiene que ser más grande, te lo he dicho mil veces.

-¿Eh? Si, si, no te preocupes mañana lo amplío.- Y volvió a sumergir la cabeza tras la barra.

-Bueno, bueno. ¿Y cuál es su nombre señor?.

-Mmmm, Henry, me llamo Henry.

-¡Oh, qué nombre más bonito! ¡Quedara perfecto en la lápida, ya verá!

-¡¿Cómo en la lápida?!

-Claro, claro. Aquí nos gusta rematar el trabajo, es nuestro sello de identidad. Tenemos una funeraria asociada.

-Oh, que previsores.

-¿Verdad qué si? Bueno, vayamos a lo que nos importa. Contamos con numerosos tipos de suicidio: suicidio Clásico, Artístico, Feliz, Dramático... Aquí le dejo unos folletos, vaya a la sala de espera y écheles un vistazo.

-Pero yo...

-Ya, ya. Usted mírelos, ya verá cómo cambia de opinión en seguida. Mientras tanto aquí le esperaremos.- Y la sonrisa nunca se iba de su rostro, estaba realmente felíz.

Henry se sentó en una de las sillas, y pensó. Al cabo de un rato volvió al mostrador con los ojos rojos y la naríz hinchada.

-¡Mi vida es una mierda!- Se desplomó sobre el cristal y comenzó a llorar a lágrima viva. -¡No tengo nada! ¡Odio mi trabajo, no tengo mujer y dudo que alguien alguna vez quiera casarse conmigo, si casi ni tengo amigos!- Las lágrimas se derramaban empapándolo todo.

-Bueno, por eso estamos nosotros aquí, ¿Ha decidido ya señor Henry?.

-¡Si, los quiero todos, quiero morirme!.

-Bien, el completo entonces. Serán novecientos euros. ¿Cómo piensa abonarlos?.

-¡Tome!- Y tiró la cartera contra el mostrador- ¡El número de la tarjeta es uno, dos, dos, uno! ¡Qué vida más triste!

-Perfecto, si es tan amable de acompañarme...

Evelyn guió a Henry hasta una puerta tras la cual se escuchaban ruidos estridentes, como de cuchillas girando a gran velocidad o taladros puestos a máxima potencia. Henry dudó un momento de si realmente no sería una empresa de albañilería encubierta... Qué tontería, ¿Para qué iba a querer un albañil esconderse?. Pensado esto cruzó la puerta y no volvió a salir de allí jamás. Evelyn retornó a su puesto de recepcionista junto a Thomas.

-Buena caja hemos hecho hoy ¿eh?.- Dijo Thomas tecleando en el datáfono el número secreto de la tarjeta.

-Por cierto, ¿Sabes quién era ese? Porque a mí me sonaba un montón...

-¡Claro! Era el cobrador del banco, debemos seis meses de agua y de luz.

-¡Ah!.

Y otra vez el silencio lo envolvió todo, así hasta que entrase algún otro cliente.

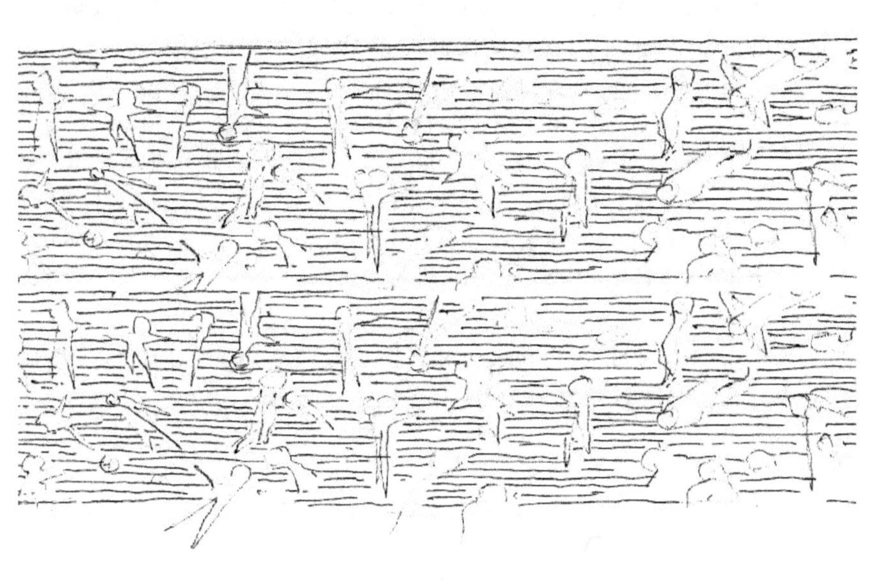

Cacofonías del Mar Muerto.

Las olas se arrastran por la arena, clamando al cielo no volver al mar. Los acantilados observan de cerca, alzando sus paredes cubiertas de sal hasta tapar el sol. Pequeños animales marinos, los crustáceos que consiguen vivir aquí, quedan varados en la orilla y mueren.

Ella se mueve entre el agua. Aparta el líquido trasparente con los brazos mientras sus pies luchan por avanzar y poco a poco van notando que se elevan. El pelo azul, tan oscuro que el negro pugna por colorearlo, se desborda por su espalda y continúa en el agua. Los ojos vidriosos y completamente verdes, sin distinción alguna entre iris, pupila o esclerótica, se fijan en el horizonte viendo más allá de todo. La piel, escamosa y resbaladiza, es como un manto níveo que cubre un interior vacío movido simplemente por la fuerza del espíritu. Las manos, de dedos largos y estilizados, se hunden en el fluído y lo obliga a retroceder, aunque luego vuelve a retomar su posición.

Miles de cuerpos flotan insensibles en el agua, unos boca abajo, otros boca arriba, algunos de costado, pero ninguno logra hundirse. Los ojos abiertos o cerrados, la cara con la misma expresión de terror. Un reto supone el identificarlos ya que nadie son y poco importan. El agua de este mar se introduce por las regiones de sus cuerpos que le dejan paso e inunda sus interiores estáticos mezclándose con sangre y vísceras.

Parece que ella consigue sumergirse en el agua, bucea y se desliza en su interior con los ojos abiertos, sin importarle aparentemente el daño que la sal pueda causarles. Sale a la superficie, rompiendo como una sirena la constante quietud del fino velo que diferencia el interior del exterior. Ahora junta sus manos y las convierte en un pequeño y delicado tazón con el que coge agua y se la lleva a la boca, da un largo sorbo y luego otro… No ocurre nada, lo que el organismo de cualquier persona normal no hubiera tolerado a ella parece que le sienta incluso bien. Pero recordemos que ella no tiene organismo que pueda matarla, ella está vacía por dentro…

Los cadáveres siguen flotando, quién sabe quizá a ellos sí les mató el agua. Sin darse cuenta un cuerpo roza el brazo de la mujer que nada, ella se gira lo ve y sonríe.

-Os dije que algún día pasaría y nadie me escuchó. Os hice miles de advertencias y nadie las oyó. Siento que esto haya tenido que acabar así, pero no diréis que no os lo advertí. Ahora ya no podréis seguir matándome.

La Madre Naturaleza sigue nadando indiferente a todo y de pronto los cuerpos se duplican, ya no son miles, sino millones y cubren la totalidad del mar donde nos encontramos. La humanidad flota en el agua, sin rumbo, puesto que no lo necesita ya. El fluido que les dio la vida es ahora el que los acoge en la muerte. Una muerte conocida por todos y atraída lo más rápidamente posible.

¿Y quién es, finalmente, el ganador de esta guerra absurda?

Campanas para el Caos.

"Τα παιχνίδια των θεών είναι επικίνδυνα για τον άνθρωπο."

(Los juegos de los Dioses son peligrosos para los Hombres.)

La manzana estaba sobre la mesa. Simplemente se encontraba allí. Nadie sabía cuando había aparecido o si llevaba en el frutero de plata con las demás frutas desde que comenzó la ceremonia. Aunque eso era prácticamente imposible, una manzana así llamaba la atención, era improbable que pasara desapercibida por la sencilla razón de que estaba hecha de oro macizo y refulgía con luz propia destacando su posición, haciendo que los ojos de todos los asistentes se fijasen en ella.

Todos estaban maravillados, menos Tetis y Peleo que consideraban la aparición del áureo fruto como presagio de algo terrible. Sabían perfectamente que la manzana no estaba allí al comienzo de la celebración, pues ellos mismos habían organizado los manjares que se servirían en su propia boda. Así que alguien la había dejado ahí, alguien perverso que había grabado en la dura piel una inscripción ambigua y clara al mismo tiempo: "Para la diosa más hermosa".

¿Cuántas diosas habían acudido? Todo el panteón femenino se encontraba allí, desde la salvaje Artemisa hasta la enigmática Hécate, incluso Perséfone había dejado el Hades para asistir al enlace. Aún así faltaba alguien, la única deidad rechazada hasta por los suyos, la única capaz de arruinarlo todo incluso sin haber sido invitada: Eris, la diosa de la Discordia.

Que ingenuos habían sido Tetis y Peleo, pues confiaban en que si no convidaban a Eris todo marcharía a la perfección, pero el caos es grande y llega incluso a los lugares más recónditos. Nadie se libra de él, ni siquiera los dioses.

La manzana seguía imperturbable sobre la mesa, avergonzando a las demás frutas y deslumbrando a los dioses, nereidas, ninfas, sátiros incluso al mismísimo Zeus que la miraban sin parpadear. Y de pronto una figura avanzó bajo la atenta mirada de los presentes. Hera se plantó frente a la mesa mirando a todos directamente a los ojos y dijo:

-Esta manzana me pertenece. Alguien quiere hacerme un regalo y no se atreve a presentarse ante mí en persona.

"¡Oh no! Ya ha empezado." Pensó consternada Tetis mientras observaba la magnífica figura de la reina de las diosas acercarse para coger el fruto…

-¡No, Hera! Esa manzana es mía. No por ser nuestra reina eres la más hermosa de nosotras.

La voz de Atenea inundó el Olimpo e hizo que Hera se detuviese en su propósito. Pero faltaba algo, la escena no estaba todavía completa…

-Queridas- Dijo una voz melosa, suave, fresca y cautivadora – No discutáis por algo tan sumamente obvio. La inscripción deja bien claro que yo soy la única y verdadera propietaria de la manzana.

Afrodita se situó junto a las dos diosas y las miró, como retándolas a desmentir sus palabras.

-Afrodita, vete con tus juegos de seducción a otra parte. ¿No te está Hefesto esperando impaciente en el lecho?.- Ante esta provocación por parte de Hera los sorprendidos invitados reprimieron la risa y escondieron sonrisas tras ademanes absurdos que no le pasaron inadvertidos a la diosa del amor que contestó airada.

-Hera, puede que mi marido sea un tullido, pero por lo menos me es fiel. ¿Cómo piensas reclamar esta manzana si hasta el propio Zeus, teniéndote a ti como esposa, pasa más tiempo fuera de casa retozando incluso con simples mortales?

-Afrodita, no hables de fidelidad cuando ni siquiera la entiendes. Todos hemos sido testigos de tus pasiones con Ares, no vengas a reclamar algo que no te mereces.

-Vaya vaya, Atenea, la eterna virgen. ¿Realmente creíste que alguien había pensado en ti al dejar la manzana? Ingenua…

-No hay forma de que resolvamos este conflicto entre nosotras.- Sentenció Hera. —Necesitamos que alguien decida quién es la más hermosa. Alguien lo suficientemente poderoso como para que su veredicto sea irrefutable…

-¿A quién propones pues?

Una leve sonrisa se dibujó en los labios de la reina y con el aplomo de quien ha ganado una guerra dijo:

-Zeus por supuesto ¿Quién si no?

-¡Eso no es justo! No podemos poner a mi padre ante tal tesitura.

-¿Tienes miedo Atenea? ¿Qué le preocupa a la diosa de la justicia? Tal vez crees que el gran rey de los dioses elegiría antes a su amada esposa que a su hija que lo único que le ha provocado son dolores de cabeza, y nunca mejor dicho, pues de su testa naciste…

La sonrisa dejó de ser leve y se convirtió en un gesto lascivo y punzante cargado de odio e ira hacia la hija de su esposo.

-Hera tiene razón, que Zeus decida. Él mejor que nadie para reconocer la innegable belleza que poseo. No en vano los hombres me consagran a mí la pasión y el erotismo y me veneran como la única diosa del amor y el deseo.

Juntas se encaminaron hacia el majestuoso trono de mármol negro desde donde el señor del Olimpo gobernaba el mundo de los mortales con mano de hierro. Las tres diosas se quedaron al pie de los siete escalones de oro que llevaban al sitial. Zeus, en lo alto, las escuchaba petrificado pues no sabía cómo resolver la situación ya que irremediablemente su decisión traería serias consecuencias que caerían sobre él como un jarro de agua del Estigia. ¿Qué hacer? ¿Reconocer el atractivo innegable de Afrodita traicionando así a su esposa y a su hija? ¿O contentarlas a ambas engañándose a sí mismo?

Tras cavilar una respuesta que no llegó se le ocurrió una solución que le eximiría de toda culpa.

-Queridas, aquí no hallaréis término a vuestro problema pues para mí sois igual de hermosas. Dejemos que sean los mortales quienes decidan. A veces la simpleza de pensamiento de quién sabe que en algún momento morirá es la respuesta más esclarecedora a cualquier pregunta.

Hubo un momento de silencio en el que las tres deidades se miraron íntimamente mientras Zeus rogaba que picaran el anzuelo.

-Está bien- Dijo Hera. —Pero serás tú quien elija al humano.

La tríada asintió y Zeus advirtió como un peso se elevaba de su estómago y desaparecía. Sabía perfectamente a quién designar para tan tremenda misión. A Paris, príncipe de Troya, hijo de Príamo y Hécuba, un joven que vivía alejado de las pasiones de los de su especie y cuya decisión sería totalmente imparcial.

Después de comunicarles el veredicto a las diosas, éstas se encaminaron a bajar al mundo de los mortales guiadas por Hermes. Estaban decididas a defender su honor e iban equipadas cada una con sus mejores armas de seducción.

Se encontraba Paris en una colina cercana a Troya contemplando pensativo el mar cuando notó que algo había cambiado, no sabía porqué pero percibía la atmósfera más pesada o acaso eran imaginaciones suyas. De pronto una voz le sorprendió a su espalda.

-Hola Paris, futuro rey de Troya.- Era la voz más atrayente que había oído nunca y cuando se dio la vuelta para ver de donde procedía su mente se colapsó por un momento y sus ojos se negaron a creer lo que veían. Tres mujeres, que reconoció a la perfección, se encontraban ante él rodeadas de una poderosa áurea blanquecina que difuminaba sus cuerpos pero no impedía apreciarlos en todo su esplendor. La que comenzó hablando siguió su soliloquio.

-Sabes perfectamente quienes somos. Hera, Atenea y Afrodita. Venímos porque necesitamos tu ayuda. Eres la única persona capaz de despejar una duda que nos corroe por dentro y que necesitamos resolver cuanto antes. Te la planteo ahora sin más demora, pues cuanto antes contestes antes se acabará todo esto. ¿Quién de nosotras es la más hermosa? Tómate tu tiempo si quieres, pero es necesario que sepas que tu decisión tendrá una recompensa si me elijes a mí. -En ese momento la figura de Hera pareció crecer, haciéndose más notable y mucho más imponente. — Si yo soy la designada, ten por seguro que no te faltará el dinero, serás el hombre más poderoso que exista en este mundo y todo el vasto reino de Asia será tuyo.

Paris tragó saliva ruidosamente. Sin parpadear observó como otra silueta avanzaba relegando a Hera a una segunda categoría.

-Querido príncipe, se justo en tu elección, más me veo obligada a ofrecerte algo como obsequio si me nombras a mí. Yo, Atenea, diosa de la guerra, te ofrezco la victoria. Serás el ganador de cualquier batalla a la que te enfrentes. No tendrás rival equiparable y tus enemigos te temerán pues sabrán que si se enfrentan a ti la derrota es su única opción.

A todo esto Afrodita contemplaba divertida los ofrecimientos de sus compañeras y esperó el momento exacto para hablar, justo cuando Paris parecía decidido a dictar sentencia.

-Yo simple y llanamente te ofrezco lo que está en mi mano, el amor verdadero de la mujer más hermosa que habita hoy sobre esta tierra: Helena de Esparta, casada injustamente con el rey Menelao.

La duda se instauró en la mente del joven príncipe. Helena…la bellísima Helena de Esparta, la única mujer a quién todos amaban en secreto y deseaban….

Poder, victoria, amor... la decisión era difícil pero estaba tomada.

-Soy un simple hombre mortal y no soy digno de entrometerme en asuntos de dioses, pero puesto que vosotras mismas habéis acudido a mí yo os ayudaré como buenamente pueda. Mi decisión está tomada, para mí la diosa que merece la categoría de la más hermosa es, sin ninguna duda, Afrodita, diosa de la belleza.

Atenea y Hera se quedaron atónitas y en el fondo de su alma inmortal encontraron algo parecido a la vergüenza. Se dieron la vuelta y comenzaron a andar mientras sus contornos se desdibujaban y sus cuerpos dejaban que la luz los traspasase hasta que desaparecieron irritadas.

-Has sido sabio Paris y como te he prometido, desde este mismo momento el corazón de Helena es tuyo. Ahora será mejor que vayas a buscarla, pero ten cuidado con Menelao, pues todavía él es su esposo.

Y Afrodita también desapareció dejando a Paris con una inusitada sensación de soledad pero con el corazón latiendo a mil por hora. Pediría a su padre que organizara un viaje a Esparta, con la excusa de entablar relaciones de amistad con el país vecino, sería entonces cuando seduciría a Helena para que se fuera con él y juntos vivirían una historia de amor plagada de pasiones. Pero estaba el problema de Menelao ¿Cómo se sentiría cuándo se enterase de que su mujer, la reina, se había fugado con el príncipe de Troya? Seguramente ni le importaría pues era conocido que no amaba a su mujer. Seguramente ni se molestaría en averiguar a donde se había ído, seguramente...

Una risa se extendió por todo el espacio, una risa cruel y llena de satisfacción, la clase de risa que hace que un escalofrío te recorra la espalda. Eris se reía desde el Tártaro pues todo había salido a la perfección. Dio un profundo mordisco a la manzana dorada que sostenía en la mano y pensó que su plan no había hecho más que empezar. Nunca nadie volvería a apartarla, desde ese momento ella sería la invitada de honor en todas las fiestas. Volvió a reír y las criaturas del Hades sintieron miedo...

<u>Lujuria Artificial.</u>

-¡Chocho! ¿¡Quieres bajá ya que se nos va el tiempo!?

-¡Ya voy chiquilla que todavía estoy en bragas!

-¡Bueno bueno pos ná! Pero date prisita ya ¿eh?

-¡Que si Mari que sí! Será posible la pesá esta- Dijo Eugenia para sus adentros- ¿Pero cuánto se cree que tarda una en prepararse? Claro ella no mucho, porque en su número va como Dios la trajo al mundo. Si es que toa la vida me ha tenío envidia ¡Toa! Porque a ella no le dieron el papel protagonista. Lo que tiene que aguantar una artista pa lo poco que le pagan.

Eugenia era mujer recientemente y de su pasado como macho alfa había heredado una mandíbula ancha y unos rasgos rudos y varoniles. Aún así era una mujer atractiva, de ojos rasgados e intensamente marrones y de pelo desbordante color carbón. Era el deseo de todos los hombres que acudían al club atraídos por los lascivos espectáculos que allí se ofrecían. Ella era la estrella principal: en su número bailaba provocativamente con un grupo de marionetas a tamaño real que dotaban al espectáculo de una originalidad no ofrecida por otros clubs y de un humor picante ya que con los títeres se podían hacer muchas más cosas que con un hombre de carne y hueso, ninguna de ellas delimitadas dentro de un estilo de vida cristiano claro.

En ese mismo momento Eugenia se estaba aplicando el colorido maquillaje con el que saldría a actuar: sombra de ojos verde lagarto, rímel color azul que elevaba sus pestañas hasta alturas de vértigo, colorete en cantidades industriales de color rojo prostíbulo y pintalabios, aplicado casi con rodillo, fucsia oscuro. Todo esto encima de una base color terracota, o más apropiado: marrón tiesto de petunias.

Los tres muñecos con los que bailaría aquella noche descansaban sobre tres sillones tapizados en charol negro, agotados del número del día anterior. Los títeres eran asombrosamente realistas, iban vestidos con chaqués rojos adornados con un pañuelo que sobresalía del bolsillo delantero de la chaqueta. Parecía casi como si durmiesen: las cabezas ladeadas sobre un hombro y los ojos abiertos pero carentes en absoluto de expresión.

-Bueno, pues Euge ya has acabao el proceso de chapa y pintura. Ahora a ver si entras en el vestido ese tan bonito que te ha remendao la Petri.- Dejó el pincel, con el que se había aplicado el pintalabios, sobre la mesa y mirándose al espejo hizo una mueca seductora, algo que hubiera resultado incluso excitante si su rostro no se asemejase a un cuadro de cualquier pintor surrealista.

Se levantó de la silla y cogió un vestido largo súper ceñido de color morado con flores verdes en el escote y comenzó a ponérselo. La imagen era devastadora, como si una ballena intentase envasarse al vacío comprimiendo su cuerpo hasta la asfixia.

Una vez dentro del vestido —nunca sabremos como consiguió meterse ahí- salió fuera del camerino y gritó: -¡Mari, Mari!¡ Ven a recogé los muñecos estos que ya me toca salí al escenario!.

La gran berenjena que parecía Eugenía bajó las escaleras que conducían a la parte trasera del decorado por donde andaban, de un lado para otro, un montón de bailarinas de cabaret con los pechos lujuriosamente al aire, hombres con sombreros de gángster que habían perdido los pantalones, mujeres-pavo con vestidos de plumas semejantes a las del pavo real y un montón de personajes variopintos más.

-¡Eugenia tu turno!- Gritó una voz desde un lado del escenario. Acto seguido el telón se abrió y sobre el tablado ya habían colocado tres sillas en las que se sentaban las marionetas, "Que eficiente es esta chica, que pena que sea una envidiosa" pensó Eugenia cuando las vio allí.

Eugenia bailó, hizo movimientos obscenos que parecieron encantar a todo el mundo, restregó todas y cada una de sus partes del cuerpo por las entrepiernas de los muñecos y finalmente se quedó en sujetador y tanga ante un público que prorrumpió en aplausos.

Cuando el telón se cerró de nuevo y ya se hubo cambiado a una ropa más cómoda, pero igualmente provocativa, salió a la barra del bar y pidió un Gin Tonic.

-Has estado estupenda hoy Euge- Le dijo la camarera que era la dueña del local- Aunque esos muñecos están empezando a estropearse, tendrás que conseguir otros.- Esta frase vino acompañada de un teatral guiño de ojos que Eugenia entendió a la perfección.

No pudo contestar porque un hombre venía hacia ella con una expresión que reconocía a distancia y que definía como "babeante salido con ganas de echar un polvo".

-Hola, me ha encantado tu número, vengo a verte todos los días, menos los domingos claro, porque no estás. – El hombre no solo parecía tonto sino que además lo era.

-¿Ah si?- Dijo Eugenia con fingido interés- ¿Y no te apetecería conocer el camerino guapo?- La caída de ojos que hizo enloqueció al hombre.

-¡Si si claro, por supuesto si!

-Pues sígueme hombretón.

Y desapareció entre la multitud escoltada de cerca por el hombre que iba dejando un rastro de saliva en el suelo con el que alguien podría resbalar.

Entraron por una puerta en la que ponía "Solo personal autorizado", subieron las escaleras metálicas y entraron en el camerino número cuatro.

-Bueno, pos ya estamos aquí, quítatelo tó, yo mientras voy a por algo de beber.

Fue hacia la neverita que estaba al fondo de la sala justo detrás del excitado hombre, pero lo que cogió no fue ningún refresco. Se acercó silenciosamente al individuo, que se estaba quitando ya los pantalones, y blandiendo un secador de última generación en la mano le asestó un golpe brutal en la nuca que hizo que se derrumbara contra el suelo con un ruido ensordecedor. Una vez allí, le golpeó con todas sus fuerzas, que eran muchas pues recordemos que Eugenia no había sido mujer toda su vida, hasta cerciorarse de que estaba muerto del todo.

-¡Joé cojona! Lo que cansa esto. Pos ná, ahora solo hay que embalsamarlo y ya tengo un muñeco más para el show de mañana. Lo que tiene que hacé una por amor al arte. Si yo siempre quise ser cantante folclórica de esas que llevan una bata de cola, pero bueno aquí al menos parece que a la gente no le importa mi pasao, es más, creo que incluso les pone más cachondos a tós.

Y dicho esto tiró el secador homicida a un lado y arrastró el cadáver hacia un rincón del camerino, luego cerró la puerta se sentó frente al espejo y comenzó a desmaquillarse.

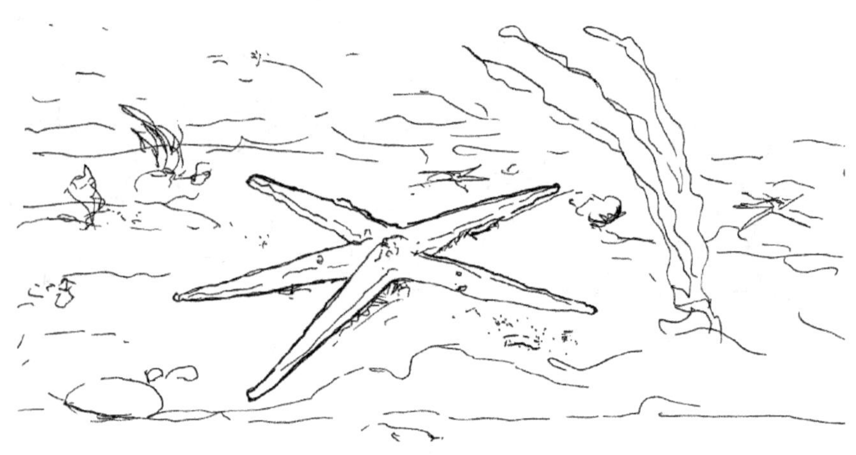

Drama Subacuático.

Otro día más pasa ante mis ojos y otra vez pienso que he perdido el tiempo.

Los rayos del Sol que se filtran el agua van desapareciendo poco a poco, dando paso a la noche que será igual o más aburrida que el día que acaba.

Estoy harta de estar siempre en la misma posición invariable: con mis cinco puntas extendidas y mi cara pegada contra la roca en un beso infinito.

Soy una estrella de mar preciosa, de color coral y pequeñas protuberancias que decoran mi espalda. Aún así ningún pez se para a hablar conmigo, pasan nadando y ni se dignan a dirigirme la palabra.

Hay veces que un cangrejo ermitaño, siempre el mismo, se para y me pregunta que cómo llevo el día. Qué pregunta más absurda: "¿Pues cómo lo voy a llevar? Exactamente igual que ayer, antes de ayer o incluso que el año pasado." Contesto irritada, a lo que el cangrejo desaparece molesto hasta que al día siguiente vuelve y me pregunta lo mismo. Hay que ver que memoria más corta tienen estos moluscos.

Lo más emocionante del día sucede cuando algún pececillo despistado entra en alguna de las cavidades de la roca en la que vivo donde moran temibles morenas que los devoran ofreciéndome un espectáculo sumamente interesante.

Pero incluso con estos shows eventuales mi vida es un auténtico bodrio.

¡Si hasta cuándo como doy pena! Yo filtro la comida, básicamente porque me es imposible moverme de sitio. ¿Qué animal marino tiene que alimentarse de manera tan lamentable? A parte de esos corales de vívidos colores que creo que me tienen envidia.

Yo siempre he querido ser cantante y actriz. Una vez vino una mujer buceando a este arrecife y me sacó a tierra firme durante unos segundos (ese es el día más increíble que he vivido hasta ahora) y allí oí cantar a alguien. Desde ese mismo momento mi sueño fue el poder emitir tan bellas palabras con unas cuerdas vocales que la naturaleza no me ha querido dar.

Llegaría a ser una gran estrella de Broadway, en los dos sentidos claro. Cantaría junto a los mejores actores e interpretaría papeles tan complejos que el público se quedaría maravillado. Además yo siempre he querido participar en la Sirenita, pero se ve que no tengo el perfil adecuado…

Pero soy una estrella de mar, simplemente de mar, nada más. Me tendré que contentar con observar los juegos cambiantes de la luz en el agua y con sentir los cambios de temperatura provocados por las corrientes frías.

Qué emocionante…

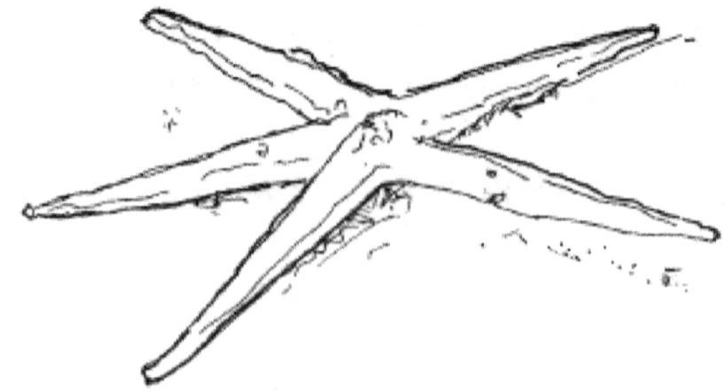

Tótem.

Noche negra sobre un campo verde. Árboles que hacen guardia impertérritos en la oscuridad. Animales que guardan sus vidas en madrigueras o cuevas esperando la llegada del nuevo día. La luz de la Luna, plateada, pura, limpia, se derrite por todo el extenso bosque que duerme. Todo es paz y tranquilidad, pero no solo animales y plantas viven en él, los humanos comparten el mismo espacio que estas criaturas en absoluta armonía. Hombres y mujeres que viven en un poblado de apenas cuatro chozas de paja y adobe, vistiendo con prendas confeccionadas a mano con cáñamo, lino o algodón, con una jerarquía política muy diferente de la nuestra, simple y sencilla en apariencia pero con el trasfondo de la tradición avalándola.

El fuego se alza en medio del poblado, lamiendo con sus llamas la madera que sirve de combustible y arrojando una luz rojiza que compite con la argentada de la Luna. Los indígenas se reúnen en torno a esta hoguera formando un círculo, y es Tayel, el jefe de la tribu, el que habla.

-Hoy la noche es más oscura, sombras temibles de nuevos Dioses nos acechan. Más unidos que nunca hoy debemos estar. El Chamán ha visto cosas en las entrañas de los animales y lo que ha visto bueno no parece. Hermano Surem, que tu voz se oiga ahora y que todos sepamos a lo que nos debemos enfrentar.

Al lado de Tayel se encuentra un anciano enjuto y demacrado, con el rostro surcado por mil arrugas y rasgos afilados, con la nariz atravesada por una fina caña de bambú.

-¡Hermanos todos somos!- Su voz, azuzada por miles de espíritus antepasados, inunda el poblado y se extiende por todo el bosque.- Hoy Maman Brigitte, nuestra gran diosa del ciclo vital, me ha enviado visiones que esclarecer no puedo. En las entrañas de los pájaros ví la muerte de nuestra pequeña civilización. —Al decir esto miles de murmullos se extienden entre los habitantes de la tribu, pero Surem los hace callar a todos con un simple gesto de la mano. —Hombres vendrán y nos destruirán, altos y con extrañas ropas cubriéndolos. Con artilugios misteriosos en sus manos capaces de causar la muerte de varios de nosotros. —Esta vez no hay ningún murmullo. Un niño de cabello negro como el carbón da un paso al frente y mirando desde su pequeña altura directamente a los ojos del gran chamán dice:

-Poderoso Surem ¿Nuestros Dioses abandonarnos han decidido?.

-Pequeño Tsijiari, nuestros Dioses son y dejarán de ser, pues el mundo de fuera avanza. Nosotros nos reuniremos con ellos allá en el Otro Mundo. Allí impacientes nos esperan.

El niño baja la mirada y comprendiendo al fin el destino que le espera a él y a toda su familia, vuelve con los demás resignado.

-Hermanos, no debéis sentir temor. —Prosigue el chamán- Vivimos aquí desde hace muchas Lunas. Nuestros antepasados duermen en cada árbol y cada piedra y aquí seguirán cuándo nosotros nos marchemos. El mundo de afuera peligroso es y ahora viene a matarnos, pero gracias a eso ese mundo nos conocerá y así nuestra tradición jamás olvidada será.

-¿Y qué dioses tan poderosos son los que acabarán con los nuestros?- Tayel habla preocupado, desea saber, conocer, vislumbrar la respuesta, el porqué de todo lo que viene.

-Por raro que ahora os parezca, no son dioses, sino dios. Desconozco cuál es su verdadero nombre, solo sé que así lo llaman simplemente las personas que en él creen: Dios. Y este es su símbolo. —Se agacha con dificultad oyendo como los huesos de su estropeada espalda crujen por el esfuerzo. Coge dos largos palos y los superpone formando una cruz, la alza para que todos la contemplen. Ante la visión del símbolo maldito los indígenas se tapan los ojos horrorizados.

-¡¿Cómo un simple dios sin nombre es capaz de derrotar a los padres de la tierra, a los que crearnos decidieron?!- El jefe de la tribu grita furioso al pacífico anciano.

-Tayel, más poderoso ahora Él es pues los hombres extranjeros le dan valor. Desea alzarse contra todos los dioses y dominar. Mas así ha de ser, pues somos muy pequeños y el mundo muy grande. Ahora hermanos, despidámonos de la tierra.

Y juntos comienzan un canto qué inunda la selva. Los animales escuchan expectantes pues están unidos con la tribu. La lluvia comienza a caer mojando el suelo habitado por miles de espíritus. La lluvia les trae algo más que humedad, pues las gotas, al mojar sus cuerpos, les hacen caer en un sueño profundo del que jamás regresarán.

Así son las guerras de los Dioses: para que el mundo avance Ellos deben pelear en épicas batallas. Unos caen y con ellos muere una civilización, pero así otra nueva se impone y el mundo se renueva. ¿Qué Dios o Dioses surgirán en el futuro? Nuestro único Dios redentor también se verá derrotado en algún momento, y será entonces cuando hombres nuevos, armados con la palabra de otras Deidades, gobernarán la tierra relegando nuestras creencias a simples mitos y leyendas ficticias. Y nadie puede impedirlo, pues así es como el mundo ha sobrevivido durante millones de años y de la única manera que puede seguir haciéndolo.

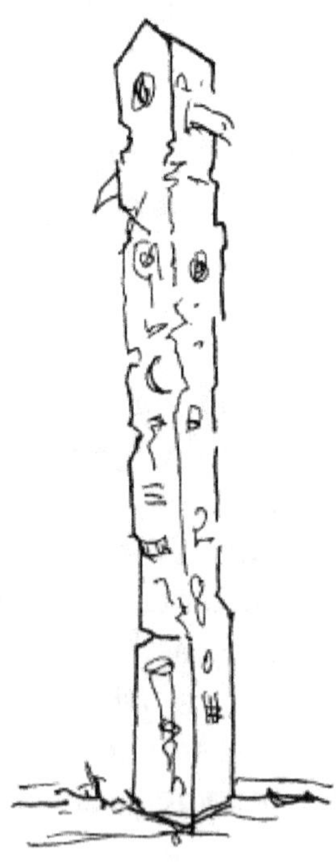

El Camino Sentenciado.

Cierra los ojos Sophie, la vida no es para ti.

Has nacido en un mundo cruel, injusto, irónico, absurdo. ¿De veras tenías tantas prisas por salir? Sé que la decisión no ha sido tuya, pero aun así me sorprende que tus padres no lo hayan pensado antes. En fín, ya que estás aquí, recién salida del cálido vientre materno, prepararemos algo para ti.

Eres una persona llena de sueños, y aunque dentro de unos años te sea imposible recordarlo, ahora mismo tu cabeza máquina un plan de supervivencia. Eso les pasa a todos, nada mas nacer adoptan una postura frente al mundo, se deciden a actuar de una manera o de otra, ayudados por los consejos que nosotros les damos por supuesto. Pero pasados unos años esto se olvida y así parece que nada está determinado, que todo lo que hacen es nuevo y que es posible que las personas cambien. Pero eso es una farsa Sophie. Tienes que saber cómo funciona el mundo: nosotros decidimos, nosotros tejemos el largo tapiz de la vida. Nosotros, Señores del Destino, hemos decidido de antemano que pasos daréis desde que nacéis hasta que morís. Todavía no sabes qué es la muerte ¿Verdad?. No, claro que no, pero bueno ya lo descubrirás, aunque no te preocupes mucho, que no te tocará pronto.

Pues ya está todo dispuesto: tu carrera por la vida será grande, llena de triunfos y algún que otro fracaso, pero estos los que menos. Tendrás que luchar mucho al principio, pero llegarás alto, lo conseguirás todo, serás extremadamente feliz y luego...bueno, luego la muerte claro está.

Ahora me despido Sophie, nos has caído bien así que tranquila, tú limítate a seguir el flujo de la existencia y todo marchará según lo planeado.

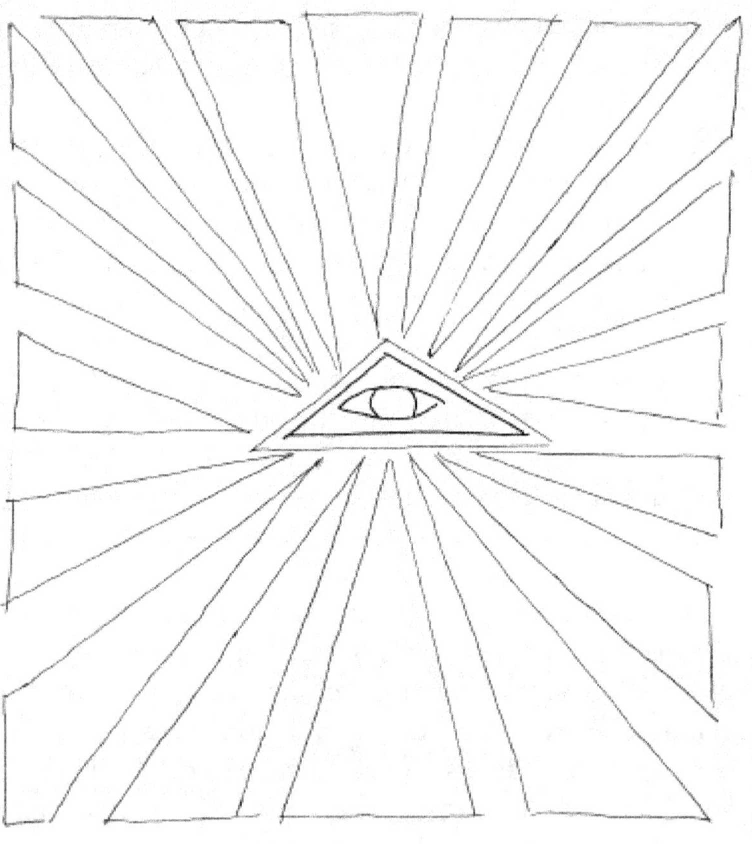

<u>Nihil Novum Sub Sole.</u>

Se movía con gracia, sus pies pisaban la tierra y la reclamaban como suya. Caminaba con el aplomo de alguien que todo lo conoce y que no teme a nada. El mundo le pertenecía y era dueño del destino de los hombres. Protagonista de numerosas historias y leyendas su existencia se esconde tras una neblina incierta.

El aire a su alrededor baila, lo rodea y le respeta pues él es el único capaz de parar su interminable danza. El agua a su paso se cristaliza, protegiéndose tras el hielo pues él es capaz de secar los ríos más caudalosos. El fuego se apaga pues su presencia es suficiente para inflamar el hierro. La tierra se abre bajos sus pies pues su mirada conoce los profundos abismos donde se esconde el secreto del mundo.

Él estaba aquí mucho antes que nosotros, sus manos ayudaron a modelar el barro del que venimos y su sangre nos dio la vida. Conoce la respuesta a todas las preguntas, la vida y la muerte no son tabúes para él ya que ha viajado entre estos dos mundos y le han sido revelados los enigmas que la humanidad nunca conseguirá resolver.

Ha amado a hombres y mujeres, ha conversado con los Dioses y cerrado tratos con demonios. Ha creado los poemas más bellos de nuestro mundo bajo apariencia de hombres mortales. Ha jugado entre nosotros y nunca nos dimos cuenta de quién era en realidad.

Nada se sabe de su naturaleza, qué tipo de ser es o quién o qué lo ha creado. Se tienen vagas descripciones de personas que afirman haberlo visto rondando a escondidas funerales y partos. Bello, con el cabello oscuro como la noche y ojos color plata, fríos y duros como el titanio más fuerte. De cuerpo torneado y músculos definidos, alto como un roble y astuto como un zorro. Quizá sea así, quién sabe.

Caminaba, caminaba y caminaba, sus pies se movían hacia delante grácilmente, con la agilidad de quién no tiene que preocuparse por tropezar o caer. Avanzaba y los días pasaban: un paso, y el Sol salía por el horizonte, otro paso y Luna lo reemplazaba en el firmamento.

El tiempo es distinto en su mundo, lo maneja y conoce todos los caminos que pueden llevar a un único destino. El pasado, el presente y el futuro son tiempos iguales para él. Conoce a un mismo hombre cientos de veces, pues lo conoce lo ha conocido y lo conocerá.

Su alma, si es que realmente tiene una, se ha tornado diabólica con el paso de los años. Muchos mortales le han invocado pidiéndole consejo, y él ha guiado sus corazones hacia las sendas más oscuras provocando largas guerras y conflictos que hoy se reflejan en los libros de la historia de la humanidad.

Pero seguía caminado, con el peso de la eternidad bajos sus hombros. Todo a su alrededor oscuro, sin ninguna luz que revelase su posición. El suelo indefinible, quizá flote o quizá simplemente no necesite nada donde afianzar los pies. Su destino está marcado, el infinito lo espera. En la distancia se aprecia lo que los hombres conocerán como Fin del Mundo, se ha cansado de esta generación de seres que destrozan todo lo que tocan. Ha jugado mucho con ellos y se aburre enormemente ante la idea de seguir haciéndolo. Por eso los destruirá, como ya hiciera otras tantas veces en el pasado. Los "humanos", como ellos se llaman a sí mismos, desaparecerán, dejarán libre el terreno de juego que es la Tierra para dar paso a otro estadio de criaturas más avanzadas. Ahora vuelve a empezar lo divertido, primero tendrá que pensar que nombre le va a poner a los nuevos organismos que conciba, después elegirá los numerosos dioses en los que creerán y a los que adorarán, luego inventará miles de historias sobre su creación para que circulen por el mundo millones de años, más tarde dejará la Tierra limpia y reluciente y los colocará allí. Y lo demás solo es observar, como si de un enorme terrario se tratase. Así hasta que se aburra y decida volver a destruir y crear, repitiendo el ciclo eternamente, viendo como miles de civilizaciones prosperan en su ignorancia y toman las riendas de una vida que no les pertenece.

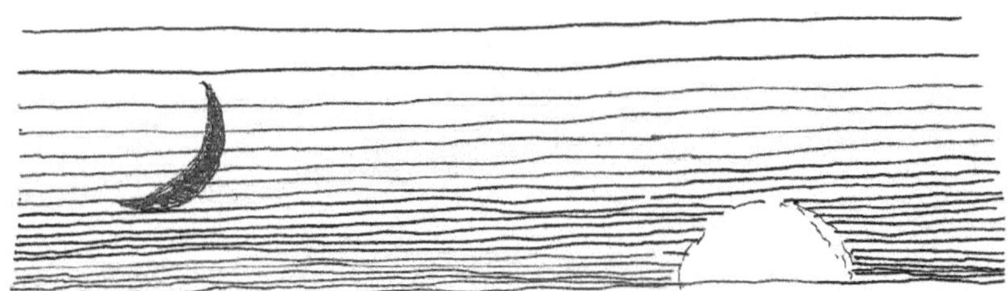

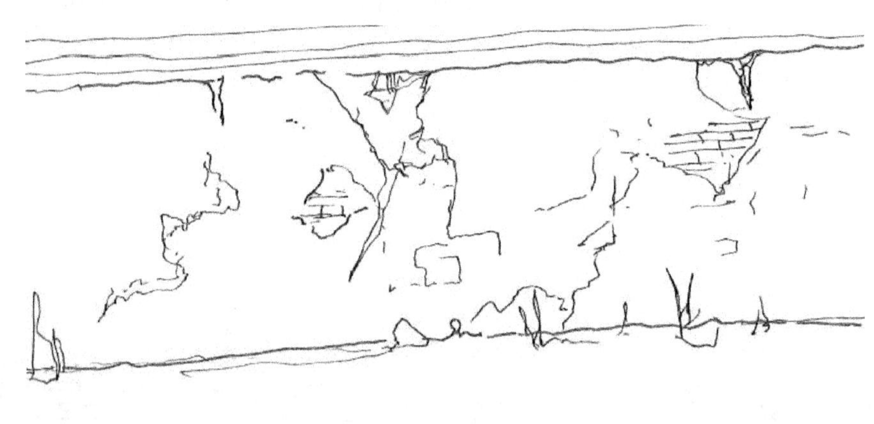

<u>Rojo y Después Blanco.</u>

Busca la fuerza, busca la vida que perdiste en aquella casa, la que te quitó aquel hombre despreciable. Has olvidado lo que un día fuiste, todo el camino que recorriste con tu fuerza, paso a paso labrándote un futuro que nunca tuviste, que te robaron. Es la hora ¿No crees? Ponte en pie, cierra la puerta que mantienes todavía abierta y por la que entra el dolor con total libertad, el reloj que tenía las manecillas rotas ahora funciona; es el momento de que lo hagas tu también.

Eres una mujer que ha luchado por algo que nunca llegó. Así que exige al mundo lo que te debe, lo que es tuyo por derecho, lo que has ganado limpiamente. Los golpes se han acabado, las noches en vela ambientadas por un marido borracho quedan en el olvido. ¡Las tormentas han cesado! Y tú eres la que las ha llevado a término. ¿Te acuerdas del día en el que él te volvió a pegar y tú, y nada más que tú, dijiste: "Se acabó"? Ese día el sol brillo de nuevo, y los asquerosos ojos del hombre que había osado tocarte descubrieron el miedo. ¡Tú le dabas miedo! ¡Podías destrozarle la vida que el mismo ya se había destrozado al levantarte la mano! Y lo hiciste, te levantaste entre gotas de sangre y cogiste el teléfono. El no te lo iba a poner fácil por supuesto: intentó forcejear, te volvió a pegar y... nada, tu mano era firme, se negaba a soltar el aparato que te salvaría. Corriste, escapaste hacia el dormitorio, cerraste el pestillo y marcaste, te daban igual los golpes en la puerta y los insultos, habías tomado una decisión y la ibas a llevar a cabo. La voz que sonó al otro lado de la línea parecía fría, pero cuando tus lágrimas podían verse incluso a través de la distancia invisible de un teléfono esa voz cambió y te dijo que no te preocuparas que todo iba a salir bien ¿Te das cuenta de lo mucho que necesitabas esas palabras?

Al cabo de un rato la policía entró en tu casa y lo que observó fue lo que tú querías que observara: la verdad. El suelo del comedor lleno de sangre y un monstruo con forma de hombre golpeando con todas sus fuerzas una puerta tras la cual estabas tú: muerta de miedo, creyendo que habías tocado fondo. Pero todo empezaría a cambiar cuando a tu marido se lo llevaron esposado a la comisaría y a ti a un lugar seguro, sin él.

Y ahora eres tú la que manda, tú la que decide y tú la nunca volverá a pasar por lo mismo.

<u>Realidades, Patos y otras cuestiones Filosóficas.</u>

Tengo entendido que la racionalidad rige el mundo, que impone sus leyes lógicas y domina la realidad con mano de hierro impidiendo que algo se escape del raciocinio o por lo menos de los cánones establecidos para la normalidad.

Se supone que estas leyes son las que son porque no pueden ser otra cosa, es decir: un pato, por ejemplo, es un pato porque no hay nada que demuestre lo contrario y por lo tanto cualquier posibilidad de que sea otra cosa queda anulada ¿no?

También tengo entendido que hay gente que se cree esto. Gente que vive confiando plenamente en la realidad y no saben que la realidad no es precisamente la mejor amiga del hombre. Nuestra especie, los homínidos, somos una raza avanzada, supuestamente superior - remarquemos el supuestamente que es importante- con un cerebro equipado con funciones cognitivas que nos hacen la vida más fácil.

Bien, y con tanto adelanto que tenemos ¿Por qué nos limitamos a seguir a la realidad? ¿Qué es la realidad para que sea ella la que dirija nuestras vidas? Yo creo que la tal "realidad" esa, no existe. Claro, ahora es cuando miles de científicos, que tienen las cosas muy claras, piden mi cabeza -o por lo menos mi cerebro ya que la cabeza de poco les sirve- pero pregunto yo: ¿Alguien puede dar una definición de realidad? O por lo menos aportar una prueba física de que la realidad existe. [...]

Esos puntos suspensivos serían la respuesta, el más absoluto silencio, miles de personas buscando como locas en su memoria argumentos que defiendan la existencia de la realidad, porque ¿cómo no va a existir lo que se supone que es la existencia en sí?. Nadie encontraría nada y nos daríamos cuenta de que un pato es un pato porque no hay nada que demuestre lo contrario.

Así podemos sacar en clave que la vida no es tan difícil como la pintan, que somos nosotros los únicos que decidimos como queremos que sea nuestro paso por este pequeño mundo, ya que lo que sí que existe es nuestra realidad, porque no hay una realidad, sino muchas -7.000 millones para ser exactos-. Teniendo claros estos conceptos podemos salir airosos de la carrera de obstáculos violentos que es la vida.

Alma.

-¿Me estás diciendo que no soy suficiente para ti? ¿Realmente crees que puedes llegar a conseguir algo ínfimamente mejor que yo?- Serena, con la voz clara y una sonrisa dibujada en sus carnosos labios pintados de rojo Alma observa divertida al hombre que está sentado enfrente de ella.

-No es eso señorita… es que lo que me está usted pidiendo es algo que se escapa de mi mano.- Gotas de sudor frío resbalan por el rostro del hombre. Los ojos marrones se mueven frenéticamente de un lado a otro, evitando mirar fijamente a la imponente mujer que tiene delante.

-¡Oh Martín, no me digas eso!- Alma se levanta de su silla y con un gesto de fingida consternación y con movimientos sensuales, casi interpretando la danza del vientre más provocativa, avanza hacia el nervioso individuo. Se sitúa detrás de él y lo rodea con los brazos- ¿Cómo es posible que un hombre como tú, tan fuerte, tan inteligente, tan apuesto, no pueda conseguirme unos simples papeles?- Los brazos de ella acarician el torso del hombre por encima de la camisa mal abrochada. Suben por sus pectorales y comienzan a dibujar complejas formas en su cuello, después el lóbulo de la oreja es atacado y Martin se estremece de placer. La otra mano acaricia, casi como si de un perro se tratase, el pelo castaño que ya empieza a escasear en ciertas zonas. Martin cierra los ojos y se entrega por completo a la mujer. Pero de pronto ella para. – Seguro que puedes hacer algo ¿Verdad?.

-No sé… esos papeles son confidenciales. Lo que me está pidiendo me puede costar mi puesto y seguramente una denuncia, o algo peor. No es que no quiera ayudarla, parece usted una señorita…encantadora, pero me es imposible, lo siento.

-Martin, puedes llamarme Alma, no es la primera vez que nos vemos.-Una sonrisa pícara se dibuja en sus labios, insinuando muchas cosas y a la vez ninguna.- Solo son datos, hojas de papel sin ningún valor. Además, nadie se enteraría, en menos de un día tendrías la carpeta de vuelta, y a mí no me volverías a ver, a no ser de que me lo pidieras claro.- Otra vez esa sonrisa asomando. Alma da la vuelta y se sitúa justo enfrente del hombre cuyo corazón late a mil por hora. —Y ambos sabemos que me lo pedirás.- Se sienta a horcajadas sobre sus piernas, mirándole fijamente con sus fríos ojos verdes. Acerca su cara a la de él y pasa la lengua por una de sus mejillas, dejando un rastro húmedo en su rostro. Con movimientos premeditados deja caer todo su pelo, una cascada de fuego intenso, por su hombro izquierdo mientras se dedica a recorrer el cuello del hombre con los labios.

Martin intenta pensar en otra cosa, pero es imposible mantener la mente ocupada cuando una diosa de escote sugerente y cuerpo torneado y sinuoso como modelado en barro, está dándote pequeños mordiscos en el cuello y moviendo las caderas lentamente, casi de manera imperceptible, sobre tu entrepierna.

-Señorita, Alma, siento tener que negarme de nuevo.- Su voz suena baja, interrumpida por algún gemido espontáneo.

-¡Oh! ¿Así que no hay ninguna posibilidad de obtener lo que necesito?- Sus movimientos paran de golpe y su rostro se muestra sorprendido e incluso, en el fondo de sus ojos, se puede ver la rabia de una ofensa.

-Lo siento, ya le he dicho que no puedo.

-No te preocupes, -Sus labios rojos se acercan a la oreja de Martin y en un susurro dicen: -Si tu no me lo das, tendré que cogerlo yo misma.- Y dicho esto y con una rapidez asombrosa Alma pone su mano sobre el pecho de Martin, en el lado izquierdo, justo a la altura del corazón. —Una mujer siempre tiene que hacer las cosas por si sola.- Presiona la mano un poco más y pronto va notando como las pulsaciones del hombre se van reduciendo, lentamente, mientras da inútiles bocanadas de aire. Así hasta que al transcurso de unos segundos los latidos de su corazón son un vano recuerdo, algo que existía y se extinguió.

Alma se levanta de encima del cuerpo sin vida y se pone de pie, su figura recortada contra la luz proveniente de una ventana lejana se va desdibujando lentamente. Las curvas desaparecen, el vestido ceñido rojo va perdiendo consistencia y cae ablusado sobre su cuerpo. La cara, de rasgos casi cincelados, va descomponiéndose lentamente, el pelo ígneo cae a mechones hasta dejar solo un cráneo con las cuencas de los ojos vacías. La piel y la carne se pudren dejando solo los huesos.

Ahora la imagen es grotesca, un esqueleto, de alguien que en algún momento fue hermosa, ataviado con un vestido de Versace que le queda enormemente grande y unos zapatos que ya no tienen pies para cubrir, se alza, como una cariátide, enfrente de un cadáver que va perdiendo el calor que caracteriza a la vida.

-Yo soy la Muerte- dice el esqueleto.- Y nadie me niega nada. Las vidas de los humanos me pertenecen y pienso segarlas como he venido haciendo hasta ahora. Pero hay una persona, un simple hombre, que se niega a acudir a mi llamada. Parece estar fuera de mi alcance y pienso averiguar por qué, con tu ayuda o sin ella- Le dice al cuerpo sin vida de Martin.- Pero alégrate querido, cuando lleve tu alma al otro mundo podrás decir que retozaste con la mismísima Muerte.

Dicho esto la propietaria de la famosa guadaña se adentra en los oscuros pasillos del registro civil donde espera encontrar el nombre y todos los datos de aquel hombre que se atrevió a desafiarla.

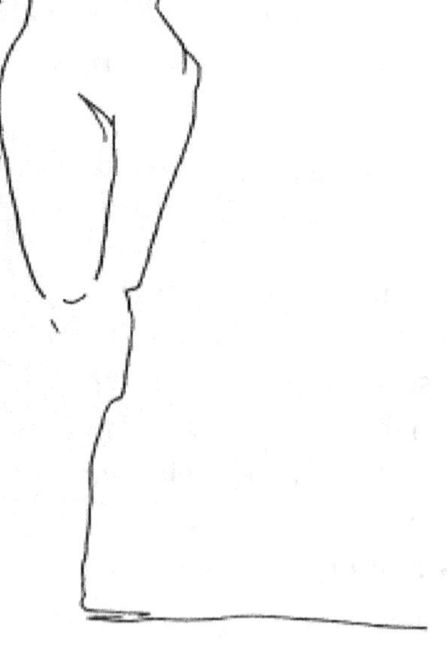

<u>Los que han Muerto te Saludan.</u>

Todo es oscuro, sin rastro aparente de alguna luz esperanzadora. Ni siquiera el velo de los fantasmas que antes paseaban por aquí queda como muestra de su irrefutable existencia.

Cuesta acostumbrares al silencio sepulcral, a la soledad infinita y al eterno letargo, pero supongo que esta es la parte mala que tiene la muerte, no podía ser todo tan bueno como se presentaba al principio ¿Verdad?

Antes, cuando mi pulso era todavía perceptible, la muerte me parecía la mejor opción…o quizá no la mejor, sino simplemente la única. Llevar mi vida a término era lo único que ocupaba mi mente en los últimos días de mi martirizada vida; era una necesidad imperiosa impuesta por los seres que se ocupaban de mi castigo.

Desde que el Sol –¡Oh Dios mío! Como echo de menos la luz de ese gran astro- salía hasta que volvía a esconderse mi vida se desarrollaba dentro de una aparente normalidad, pero cuando la noche caía y era la Luna la reina del cielo ellos venían a atormentarme. Miles de fantasmas acudían a mi casa buscando la morbosa diversión de la tortura. Creaban imágenes grotescas en mi mente, jugaban con mi percepción y me hacían ver cosas que en realidad no existían, cambiaban objetos de lugar una y otra vez para que me volviera loco. Pero a pesar de todo eso yo aguantaba, las noches se convertían en largas y agónicas vigilias, pero la esperanza de que en algún momento la luz volvería a aparecer tras la línea del horizonte y que con su llegada se irían las terribles sombras, me mantenía vivo y me impulsaba a levantarme una mañana más. Sin embargo prolongar esta lucha era algo absurdo, cada noche que pasaba me debilitaba un poco más, mis fuerzas menguaban igual que mis ánimos por sobrevivir. Al principio pensaba que sería algo temporal, que los extraños espectros se cansarían y se marcharían, pero no me daba cuenta de que me enfrentaba a seres eternos para los cuales el tiempo o el cansancio no significan nada.

Finalmente lo que estaba escrito de antemano se cumplió y llegó el día en el que abandonaría este mundo por mi propia voluntad. Tengo pocos recuerdos de mi vida pasada y aún menos de ese día exacto, pero hay símbolos que nunca me abandonarán, sentimientos que ya no puedo sentir pero que seguirán presentes en el perpetuo castigo de quedarme anclado a la tierra sin poder descansar en paz.

Cuando llegué aquí, un segundo después de que la sangre abandonara mi cuerpo a causa de los cortes que me había hecho en las muñecas, me estaban esperando esos miles de fantasmas que me habían fustigado durante tanto tiempo y que por fin habían conseguido lo que ansiaban: ver a su asesino muerto como ellos, la persona que les había arrebatado la vida condenada al igual que sus pobres almas inocentes.

Sí, yo maté a toda esa gente y este es el castigo que merezco por aquello. Aquí todo es oscuro, sin rastro aparente de alguna luz esperanzadora.

<u>Hallelujah.</u>

Cuando el Sol sale de nuevo vuelves a recobrar toda la fuerza perdida. Cuando eres tu quien puede con el mundo se restablecen los pedazos rotos del alma.

Si alguna vez te perdiste en la profundidad de unos ojos sinceros es que todavía estás vivo. Si sientes fuego en tu interior y ardor en tus entrañas cuando ves amor quiere decir que no todo está perdido.

¿Eras tú quién creía que todo había acabado? La vida es larga y el final llega siempre de la mano de la paz.

Cuando oigas el canto suave de una sirena y tu mente quede obnubilada por sensaciones extrañas, sensaciones que demuestran la vida corriendo dentro de ti, cuando eso pase sabrás que no todo ha acabado.

El aire que decías que era sucio y llevaba el hedor de miles de cadáveres pero te has dado cuenta de que la pureza inunda todos tus sentidos.

Si entiendes estas palabras que parecen puestas al azar, si captas el secreto que encierran, si eres capaz de saber donde los demás no quieren mirar, entonces ten por seguro que eres una persona poco común, una persona única y especial.

Si necesitas que te digan que todo es posible que todo se logra, que el mal es débil y que irradias la luz suficiente para desterrar sombras, si eso es necesario debes buscar tu propia estrella, porque necesitas su punto fijo en el firmamento.

Tú subirás allí con ella, estarás por encima de todos y mirarás desde arriba. Tus lágrimas nos bañaran a los que nos quedamos aquí abajo, pero no las que antes derramabas, lágrimas de tristeza e inseguridad, sino las de felicidad, las que te mereces derramar.

Tus ojos nunca se cerraron a la verdad y luchaste por ser diferente, la palabra "normal" no era de tus preferidas al igual que "fracaso".

¡Canta! ¡Grita! Debes hacerlo porque ahora puedes, lo has conseguido y todos te envidian por eso. Tú eres el maestro de los alumnos que no quieren aprender.

Muerte y Guerra huyen al oír tu nombre y los demonios de la tierra no quieren encontrarse con tu mirada.

Si sueñas, si amas, si cantas, si clamas al cielo, si vives, si hay sangre recorriéndote por dentro, si buscas algo, si luchas, si eres tú y no otro, si decides, si fallas, si lloras, si mueres, si todo eso pasa debes estar contento porque si no lo hicieras ¿Quién serías?.

La Bala y la Conciencia.

El disparo sonó certero. La bala recorrió la pequeña distancia que separaba a los dos hombres y penetró en el cuerpo de uno de ellos, perforando la carne, abriéndose paso desgarrando músculos y tendones hasta que salió por el lado contrario, no sin antes romper algunas vértebras. En ese momento el mundo quedó en silencio. El cuerpo inerte cayó sobre el suelo de tierra y la sangre comenzó a mancharlo todo de rojo, formando un gran charco bajo el cadáver.

La silueta que sujetaba el arma con una mano miraba impasible la mortal escena. Sus ojos del color del acero mostraban un brillo especial, como de alegría ante una victoria. Se apartó rápido del cuerpo antes de que la sangre, que avanzaba rápido, le manchase sus zapatos nuevos. Se dio la vuelta y se alejó silbando siniestramente una vieja canción de Cat Stevens.

DOS HORAS ANTES...

El aire nocturno era frío y húmedo, las farolas arrojaban una quirúrgica luz blanquecina que se difuminaba entre la espesa niebla de Londres. El Asesino respiraba relajadamente mientras su cabeza maquinaba.

Vestía unos pantalones tan ajustados que casi intentaban fusionarse con su piel y una camisa de seda blanca, todo esto debajo de una gabardina marrón anudada con un cinturón de hebilla prominente. Sobre la cabeza un sombrero de ala ancha ocultaba un pelo tan negro como el ala de un cuervo.

El Asesino andaba de manera tan imperceptible y sutil que parecía que la gran avenida, desierta a esas horas de la noche, avanzaba hacia él ahorrándole el esfuerzo de mover las piernas. Tenía mucho que agradecer a esa forma de caminar, pues gracias a sus pasos muchas personas no habían sentido la presencia de la muerte hasta que la tenían encima.

El recuerdo de algunos de sus asesinatos le hizo sonreír pues cada uno era mejor que el anterior. Se superaba día a día, ideando nuevas formas de matar, jugando con las vidas humanas como si de un dios se tratase. Realmente así se sentía, como un auténtico dios capaz de decidir quién vivía y quién moría. Recordaba especialmente, y con cierto cariño morboso, uno de sus trabajos más limpios. El objetivo era acabar con una joven universitaria de veinte años que había contraído una importante deuda con la gente que le facilitaba la marihuana que tanto le gustaba fumar. Si todo salía bien sería su víctima más joven, un nuevo logro en su carrera.

Fue a su casa a medianoche, cuando todo el vecindario dormía. Entró por una ventana del primer piso que estaba abierta y se encontró en un salón enorme lujosamente decorado. Una música inundaba el ambiente, ahora no era capaz de acordarse de quién cantaba, aunque estaba seguro que era un hombre. La joven estaba de espaldas a él, sentada frente a una mesa, cenando sola.

Que fácil había sido, desenfundó su pistola y disparó. La cabeza de la chica cayó cómicamente sobre el plato de comida, pero lo más gracioso fue descubrir que había alguien más en la casa, seguramente su padre o un hermano, algún varón por los pasos agigantados que dio cuando oyó el tiro. ¡Pero no pudo hacer nada! Cuando llegó al salón él ya se había ido y el trabajo estaba hecho. La adrenalina del recuerdo le inundó por dentro y le hizo darse cuenta de lo bueno que era.

¡Pero hoy no podía ocupar su mente con evocaciones absurdas del pasado! Tenía que estar despejado pues estaba a punto de cometer el crimen de su vida. Por la mañana, cuando el reloj marcaba las doce, había recibido una llamada de alguien que quería encargarle un trabajo.

Un hecho común y cotidiano para él hasta que la persona que estaba al otro lado de la línea le había dicho a quién debía aniquilar. Le pagarían una enorme suma de dinero si acababa con Charles Easton, dueño de una importante multinacional inglesa con fuerte influencia en el parlamento.

Al parecer el querido Charles, muy apreciado por la prensa y las autoridades por su conocida labor humanitaria, había engañado y estafado a sus propios trabajadores que ahora pedían venganza ya que en los tribunales no la habían obtenido, quizá por tratarse el demandado de quien se trataba. Realmente esto le resultaba del todo indiferente, lo que más ansiaba era quitarle la vida a un pez gordo, pues esos mueren de una manera distinta a la de las demás personas.

El asesinato tendría lugar a las cuatro y media de la madrugada exactamente, en el Hyde Park and Kensington

Gardens dónde se esperaba que el magnate acudiría, como tantos otros días, sin escolta alguna. El pago por el trabajo realizado se efectuaría después como era costumbre.

La niebla seguía anclada a la tierra cuando el Asesino divisó la entrada del parque, trepó por la valla cerrada y cayó al otro lado. Al levantarse se sacudió el polvo de la gabardina, se limpió los zapatos y se encaminó hacía Speaker's Corner donde ya debería estar el tal Charles.

Cuando llegó por un camino cubierto de maleza le sorprendió no ver a nadie y más le sorprendió la voz que escuchó justo detrás de él.

-Hola. No existe ningún grupo de ex-trabajadores del señor Charles Easton. Tampoco es cierto que necesitara de tus servicios. Yo te llamé y me lo inventé todo. Tenerte aquí delante, de nuevo, es algo perturbador no te voy a engañar.-La figura hablaba enérgicamente, y al Asesino le costó comprender que estaba pasando hasta que su vista se desvió hacia la mano del sujeto que amarraba firmemente una pistola.- Tú mataste a mi hija conmigo delante. Rose, mi pequeña Rose. No tuviste ni la decencia de dejar que el disco del gramófono acabase de escupir las últimas notas de esa canción de Cat Stevens que ella siempre escuchaba. Pero en fin, no pasa nada, he venido a vengarla, así que hasta luego.

Todo sucedió muy rápido, sin que el Asesino tuviera opción a reaccionar. El disparo sonó certero y todo se volvió oscuro para el hombre que tantas vidas había quitado...

<u>**La Decadencia.**</u>

Miles de plumas blancas revoloteaban en el aire dibujando formas imposibles. Velas de todos los tamaños salpicaban el suelo encendidas, aportando a la sala un misterioso color anaranjado a pesar de que no todas lucían con llama roja. Alargadas barritas de incienso se consumían en rocambolescos quemadores de color oro y bronce.

Él estaba tumbado en medio de la estancia. Incorporado sobre su cadera observaba con miedo las figuras blancas que descendían planeando: las plumas que antes formaban sus alas. Estaba completamente desnudo, solo en un lugar que no le perdonaría jamás. Con el fornido cuerpo sin protección alguna. Con el cabello negro desordenado y sin lustre. Con los ojos grises de titanio acuosos y temerosos. Reconociendo con la mirada el lugar, dándose cuenta de lo aislado que lo habían dejado. En aquel sitio no existía el tiempo, la noche y el día no importaban y los relojes eran aparatos inútiles e inservibles.

¿Qué planes tenía para él el Gran Señor? ¿Qué castigo le impondría después de su arrogante rebelión? Era la primera vez que tenía miedo. Muchos dicen que los seres etéreos no pueden sentir, pero se equivocan rotundamente pues el corazón de Luzbel se moría de terror a cada latido.

De pronto una gran luz proveniente de ninguna parte inundó el lugar. Tan fuerte era que el fuego de las velas se apagó avergonzado ante su presencia. Una figura empezó a formarse entre la espesura blanca. Los contornos de unas alas inmensas se creaban a la vez que una túnica de impoluto blanco se dibujaba en el claro lienzo. Pronto el arcángel Miguel estaba descendiendo hacia la atormentada figura de Luzbel. Y así fue como habló:

-¡Tú, provocador de guerras! ¡Tú que te alzaste contra el Gran Señor en un alarde estúpido de egocentrismo! ¡Tú que gozabas de la protección del cielo y de nuestro señor Dios! ¡Tú que te creíste capaz de vencer al Creador! ¡Yo vengo a castigarte! —No movía los labios, la voz se proyectaba desde todas partes, ahogando la psique del ser que estaba frente a él. Torturando la mente del que se atrevió a retar a Dios- Ángel Luzbel, nombre que significa Luz Bella y que no te mereces llevar, yo, en representación de todos los ángeles que moran en el cielo y hablando con la mismísima voz del Todopoderoso, te destierro. Quedas relegado a las profundidades de la recién creada Tierra donde vivirás sin alas y sin posibilidad de retornar aquí de nuevo. Tu nombre será ahora Lucifer y maldigo a cualquier persona que se atreva a pronunciarlo. Las sombras serán tus dominios y serás consagrado a las artes más oscuras que habitan en el alma. —La luz blanca seguía envolviendo al arcángel lo que cegaba al antiguo Luzbel y le impedía ver al ser que lo estaba condenando. —Pero el Señor es compasivo con los que se desvían de su camino y por eso no te privará de tu don inmortal, seguirás disfrutando de la vida eterna. Además formarás parte de un plan Divino muy importante, tú eres el encargado de crear una raza nueva de ángeles que comienza con los que te siguieron en tu fracasada rebelión, que serán desterrados contigo. Gracias a ti la humanidad conocerá el Bien y el Mal, gracias a ti los hombres que Dios ha creado serán libres de decidir qué camino tomar. Él es consciente de que muchos te seguirán, pero así es como quiere que sea. Así que a pesar de todo te da las gracias Lucifer por haber conseguido que su plan se cumpla. Miles de nombres te acompañarán a lo largo de la historia y serás tan conocido y tan venerado como Él. ¡Ahora Lucifer, ángel traidor, es hora de que desaparezcas!.

La cortina de luz blanca se hizo tangible y avanzó amenazadora hacia el Demonio envolviéndolo por completo y produciéndole miles de cortes allí donde le tocaba.

Al cabo de unos segundos no quedó nada de él, había desaparecido y se encaminaba a cumplir con su misión.

El arcángel Miguel también se esfumó satisfecho, dejando la estancia vacía y con el recuerdo de algo grandioso entre sus piedras.

A Lucifer todo esto le parecía exquisitamente divertido. La pantomima creada en torno a su premeditado alzamiento.

Él ya sabía el plan de Dios porque ambos lo habían hablado hacía milenios. Ambos sabían que los dos eran igual de poderosos y que por tanto no podrían coexistir en la misma realidad. Además la incipiente humanidad creada por el Todopoderoso debía de ser libre, tenía que tener la capacidad de elegir por sí misma para así no convertirse en juguete de ninguna deidad y al mismo tiempo demostrar ante otros dioses el poder que el futuro Yahvé tenía al ser capaz de crear a unos seres con la suficiente fuerza en el alma para no doblegarse ante nadie.

Todo había sido pulcramente tramado con la más perfecta exactitud. Ahora existían el Bien y el Mal y convivían en bélica armonía, por irónico que pueda parecer.

Así es como debe ser y así es como seguirá durante miles de siglos para bien de los hombres.

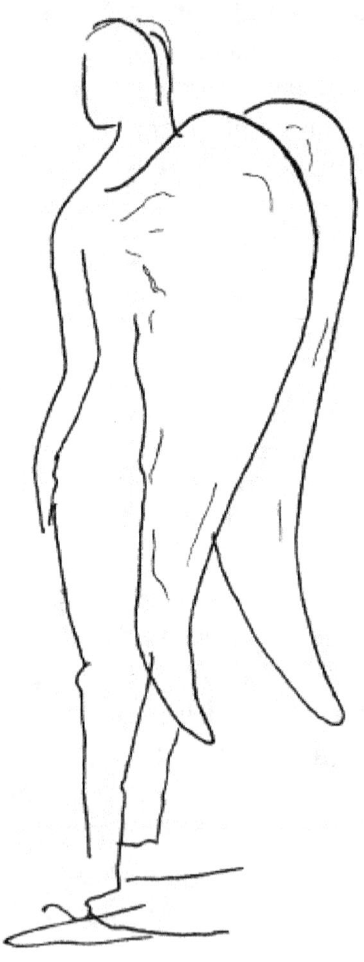

Música para las Bestias.

Sola. Sola en este triste lugar, donde la luz del Sol no llega, donde mis únicos compañeros son monstruos y bestias y donde mi marido me tiene confinada. Así pasarán mis días, junto a un hombre que me ama por capricho, pero al que he llegado a coger cierto cariño. Es verdad que Hades se preocupa por agasajarme como a la reina que ve en mí, pero no se da cuenta de que mi lugar no está en el inframundo, que yo pertenezco a la tierra y a la vida, como mi madre, y que aquí solo hay muerte y almas perdidas. Pero aún así me resigno, porque ¿qué otra cosa puedo hacer? Ahora reino en el infierno, junto a él y eso es algo por lo que tengo que estar agradecida, ¿no?

Hades puede parecer un dios frío, un ser oscuro y terrible cuyos dominios son tan hostiles como él mismo. Pero si algo he podido observar en los largos años que llevo junto a él es que hasta el dios de los muertos está vivo, siente tanto, o incluso más, que el propio Apolo. Aunque no lo parezca su corazón late. He tardado mucho en darme cuenta de esto, quizá porque al principio solo sentía odio hacía él por haberme separado de mi madre, del mundo exterior y de todo lo que quería. Fue entonces cuando amé a otros hombres, cuando los deseaba por pura lascivia y sed de venganza, cuando luché por Adonis y humillé a Afrodita y sobre todo cuando conocí a Orfeo.

¡Oh Orfeo! Aun hoy, en el frío lecho junto a mi esposo, me acuerdo de ti. Recuerdo tu tez blanquecina como de mármol, tus fuertes brazos, tu torso ancho y fornido, tus ojos azules como el mar de Poseidón…pero sobre todo, lo que todavía me hace suspirar, es el recuerdo de esa música que me cautivó y que me hizo amarte. Las notas profundas que sacabas de esa lira que era como una extensión de tu propio cuerpo, inundando los salones de este palacio siempre vacío, siempre frío.

Recuerdo que cuando te presentaste ante nosotros nos dejaste sorprendidos porque habías conseguido dormir a nuestro can Cerbero, algo que nadie había logrado antes. En cuanto te vi, en medio de la sala del trono tan pequeño e indefenso mirando, nervioso, hacía donde nos sentábamos Hades y yo, me vino el olor de la tierra y el rumor del agua. ¡Venías del exterior! De aquél lugar que había dejado atrás y que añoraba profundamente. No pude hacer otra cosa que fijarme de una manera especial en ti, dando paso a los primeros síntomas del amor.

Era obvio que algo querías, por algún motivo habías cruzado junto a Caronte la laguna Estigia y te habías presentado ante nosotros corriendo tantos peligros. Yo creía que mi esposo iba a echarte de allí ofendido por la presencia de un mortal en su reino, pero Hades, tan sorprendido como yo, te instó a hablar; algo que ahora hubiera preferido que nunca ocurriera. Entonces nos contaste tu historia. Venías a buscar a tu amada Eurídice que había muerto por la picadura de una serpiente. Nos rogaste que te la devolviéramos, que no sabías vivir sin ella. Tu rostro, compungido y sincero, nos ablandó el corazón, aún así no cedimos. Hades no pensaba incumplir sus propias normas y devolver un alma a la vida y yo… yo odiaba a Eurídice. Si, en cuanto la nombraste y le diste la categoría de tu amada unos celos infundados y absurdos me invadieron. ¿Qué tenía Eurídice que no tuviera yo? ¡Yo, Perséfone, hija de Démeter! Yo debía ser tu amada, no ella. Y por un momento me alegré de que hubiera muerto.

Pensamientos crueles, ahora me doy cuenta. Pero ¿qué esperabas? Estaba recluida en el infierno, secuestrada por el hombre que me amaba y al que yo, en ese momento, odiaba. Verte fue un soplo de aire fresco que inundó mis pulmones llenos de ceniza. Además eras la venganza perfecta, tú que rechazabas a todas las ninfas que se enamoraban de ti. Imagínate que cara hubiera puesto Hades si le hubiésemos confesado nuestro amor furtivo. Habría pagado por verla… ¡Pero tenía que entrometerse esa a la que decías que amabas! Todas mis cábalas destruidas en cuanto pronunciaste su nombre.

Por eso nos mostramos tan duros contigo, por eso te ordenamos que salieses cuanto antes de allí si no querías quedarte para siempre. Te llamamos cobarde por ir a buscar a tu esposa estando vivo y no haberte atrevido a morir por ella, como hizo Alcestis que cambió el destino de su amado Admeto muriendo en su lugar. Pero tú aguantaste todos estos envites e hiciste algo sorprendente, algo que nos dejó callados sin opción a réplica. Te sentaste en el vasto suelo de mármol negro y comenzaste a tocar tu lira. Era evidente que no pensabas moverte de allí hasta que accediéramos a devolverte a Eurídice y mientras, la dulce música lo envolvía todo. De pronto la luz solar pareció penetrar en el palacio, cosa imposible ya que estábamos a muchos metros bajo tierra. Un viento suave y fresco, cargado con el perfume de las flores que mi madre hacía florecer en primavera, se coló por todos los resquicios. La melodía era embriagadora, nos llenaba por dentro limpiando nuestras almas inmortales y entonces entendimos porqué Jasón te necesitó en su expedición para acallar el canto de las sirenas. Entendimos porqué las ninfas te adoraban y porqué Apolo te tenía envidia. Todo brillaba y refulgía y entonces, cuando ya no podíamos contener las lágrimas, dejaste de tocar. La magia se rompió y la oscuridad retornó a su lugar.

Hades se levantó y se acercó a ti, a su lado parecías un joven cervatillo muerto de miedo, y te dijo que podías recuperar a tu amada. Tus rasgos compusieron una mueca de increíble felicidad y fue en ese momento cuando mi ira estaba en su punto más álgido. No podía permitir, después de lo que había escuchado, dejar que Eurídice volviera contigo como si tal cosa, aunque no pudiera revocar la decisión de mi esposo. Recuerdo, con mucho pesar, que alcé la voz y te maldije poniéndote una condición cruel e inhumana para volver con tu amada. Te dije que ella volvería contigo, pero que en el trayecto de regreso al mundo de los mortales iríais uno detrás del otro y tú siempre delante. Si en algún momento volvías la cabeza para mirarla, aunque solo fuera un segundo, Eurídice desaparecería y no la volverías a ver.

Nunca me he arrepentido tanto de mi crueldad, todavía hoy no comprendo por qué lo hice si te amaba.

Te vimos partir, delante, siempre delante, sin girarte ni una vez. Eurídice iba detrás, pero tu curiosidad, o tú preocupación por saber si ella realmente estaba ahí y se encontraba bien, hicieron que te dieras la vuelta cuando ya casi lo habíais logrado. Como predije tu amada desapareció y retornó al mundo de los muertos y tú te quedaste destrozado, tanto esfuerzo para nada. Tanto sudor derramado en vano, tantas lágrimas… Y entonces, esta vez sí, decidiste volver con nosotros como lo hacen todas las almas, muriendo.

Lo siento Orfeo, no sé si algún día podrás perdonarme, pero es necesario que sepas que ahora, cuando me asomo a la ventana y os veo a Eurídice y a ti flotando en el Elíseo, solo pienso en que por fin seréis felices eternamente.

<u>Bienvenido a Raven´s House.</u> (Primera parte)

Ahora que ya todo ha pasado, que la oscuridad ya no nos persigue, creo que debería conocer la historia que me obligó a salir huyendo de la mansión de mi querido tío Ferdinand.

Sé que es un hombre impaciente, pero este macabro relato debe ser contado sin prisas pues los horrores que viví en aquella casa, apartada de la civilización, necesitan tiempo para ser descritos.

Coja ahora varios papeles y la pluma que guarda en su porta documentos pues si lo que venía buscando era algo sorprendente, créame que lo ha encontrado.

Bien, empecemos por el motivo que me llevó a visitar a mi tío, al que hacía años que no veía y del que poco recordaba, solo lo que en la familia se oye, sabe usted, sobre un familiar poco común: lo solitario y excéntrico de su persona, la misteriosa presencia de su mujer de la que nada parecían conocer, el deterioro de la mansión donde vivía, etc, etc, etc. Realmente el tío Ferdinand era la oveja negra que toda familia importante tiene, el eslabón más alejado del que se siente miedo y respeto al mismo tiempo. Yo, personalmente, tenía una fascinación platónica por su persona, pues mi espíritu es salvaje y no se acoge a moldes y mi tío parecía ser la misma clase de individuo. Más me equivocaba ya que Ferdinand era esto y mucho más.

Pero no nos desviemos del comienzo, ya habrá tiempo para desentrañar la personalidad de mi pariente.

Por aquel entonces yo era joven y emprendedor, había finalizado la carrera de Derecho con insuperables notas y me había incorporado a un importante bufete de abogados, de los más prestigiosos de Londres. Los casos llegaban y yo los ganaba, obtenía importantes ingresos que servían para mantener las promesas que le hacía a mi querida Elizabeth de que algún día nos compraríamos una gran casa apartada del mundo y pasaríamos los años juntos, lejos de la capital, de la gente y de los asfixiantes lazos de mi familia. Todo se desarrollaba bajo esta rutina hasta que un día recibí una misteriosa llamada. Recuerdo ese día en especial porque fue el que desencadenó la serie de grotescos sucesos que hoy me dispongo a contarle.

Bien, como decía recibí una llamada proveniente de Raven´s House (la mansión de mi tío que, como puede percibir, hasta el nombre encierra oscuridad) y al otro lado de la línea una voz, que manifestaba pertenecer al mayordomo de la casa, me decía que mi tío requería de mis servicios. Como puede imaginarse mi sorpresa fue descomunal ya que, como le he dicho antes, poco recordaba del tal Ferdinand y dudaba de que él precisamente me recordase a mí. Pero la voz me explicó que mi pariente estaba informado, gracias a que leía la prensa diariamente, de los casos que había ganado con anterioridad y pensaba que yo era la persona idónea para realizar un importante trabajo y que además, al ser de la familia, la discreción y la confianza estaban garantizadas. Pregunté, por supuesto, en varias ocasiones sobre el asunto en el que tenía que trabajar pero el mayordomo me daba evasivas y me instaba a trasladarme a la mansión lo antes posible, donde sería tratado el tema con tranquilidad. Turbado y desconcertado miraba a Elizabeth, que en ese momento se encontraba conmigo, que a su vez me miraba sorprendida por las respuestas incongruentes y extrañas, como si de una absurda conversación se tratara, daba a mi interlocutor. Por más que lo intentaba la información que obtenía era escasa y siempre la misma: mi tío Ferdinand estaba llegando al término de su vida y necesitaba, antes de morir, dejar unos asuntos atados y aclarados y yo era la única persona que podía hacerlo. ¿Qué asuntos? Si quería responder a esa pregunta tendría que desplazarme a Wellow, un pequeño pueblo en la remota Isla de Wight a ciento seis millas de Londres, donde se encontraba Raven's House. Allí me esperarían el señor y su esposa a lo largo de la misma semana.

Cuando colgué le conté a la sorprendida Elizabeth todos los detalles del diálogo con el mayordomo y lo primero que me dijo es que ni se me pasase por la mente acudir a esa cita tan extraña. ¡Qué cosas horribles podrían sucederme en una alejada isla con un señor del que poco sabía y que lo que conocía de él era cuanto menos enigmático!. Sus argumentos, ahora me doy cuenta, iban cargados de advertencias sobre posibles peligros que yo desechaba alegando que un miembro de mi propia familia no iba a hacerme ningún daño. Ojalá hubiera escuchado, ojalá hubiera actuado sin seguir el impulso que me llamaba a reunirme con mi tío. Pero bueno, ahora ya es demasiado tarde y solo puedo ceñirme a los hechos.

Acepté sin dudar la oferta del mayordomo quedando en que al día siguiente cogería el primer tren que saliera para Yarmouth y una vez allí tomaría el ferry a Lymington donde me esperaría un coche que me trasladaría a la mansión.

Después de discutir con Elizabeth sobre lo beneficioso que podría resultar este asunto para mi carrera pues, creo que no lo he mencionado antes, pero mi tío era un afamado cirujano ya retirado que había amasado una gran fortuna lo cual significaba que mi tarea, seguramente, era encauzar o dirigir ese dinero en el testamento lo que, si todo salía bien, me consagraría como abogado familiar. Bien, pues después de toda esta retahíla de argumentos convincentes comencé a buscar en mi estudio todos los papeles que podrían serme útiles en Raven's House, véase dosieres de casos parecidos en los que había trabajado, algún que otro libro de leyes e incluso un testamento que guardaba de unos antiguos clientes. Todo esto lo metía a prisa en mi bolsa de mano ante la atenta mirada de mi prometida. Como no sabía exactamente los días que iba a pasar en la isla metí abundante ropa en un baúl de viaje de mediano tamaño y lo coloqué junto a la entrada pensado e incluso rogando que todas las prendas que había colocado fueran excesivas para el tiempo que durase mi estancia allí.

Llegó la noche y acuciantes nervios me impedían dormir, pensaba en lo rápido que había sucedido todo, en lo aburrido e insulso que se presentaba el día hasta que la llamada del mayordomo hizo girar todo trescientos sesenta grados. Reflexionaba sobre qué sería exactamente lo que mi tío esperaba de mí y por otro lado me sentía extrañamente excitado por lo que al día siguiente descubriría en la mansión, por fin analizaría con mis propios ojos la aparente decadencia de la familia de

Ferdinand y confirmaría o desecharía todos los rumores que había escuchado desde que era niño.

Sonó el viejo reloj de cuco del salón indicando las siete de la mañana. De un salto salí de la cama mientras Elizabeth, a mi lado, se desperezaba para preparar el té matutino. Me duché y me afeité con el estómago encogido por la emoción, me bebí el dulce té casi de un sorbo, agarré la cartera con los documentos y cargué con la maleta. Me despedí de mi prometida con un apasionado beso, casi como si fuera el último que nos diéramos en mucho tiempo, y salí por la puerta repitiendo la misma cantinela de que estaría bien, que escribiría todos los días y que trataría de volver lo antes posible. ¡Ay, si llego a saber lo que al final del viaje me esperaba nunca habría cruzado esa puerta!

Me dirigí a la estación de tren donde cogí el expreso de las ocho y allí me ocurrió el primer extraño episodio que daría pie a muchos otros: Estando a punto de pagar mi billete, la taquillera me miró extrañada y me dijo: "¿No tendrá usted intención de coger el ferry en Yarmouth verdad?" A lo que yo respondí que ese era mi principal objetivo y pregunté, airado, el porqué de su curiosidad: "No quiero entrometerme en sus asuntos" me dijo "Pero dicen que en la Isla de Wight pasan cosas raras últimamente". "Tonterías" repliqué yo "Habladurías sin importancia, usted limítese a darme el billete no vaya a ser que pierda el tren por su culpa". Hasta yo mismo me sorprendí puesto que una contestación tan brusca no suele ser propia de mí, pero los nervios me atenazaban el estómago y un temor inexplicable comenzaba a embargarme lentamente.

Subí al tren no sin antes echar un último vistazo atrás, como para retener en la memoria la última imagen de Londres por si nunca volvía a pisarlo.

Caía la tarde cuando el tren paró al final del trayecto. Raudo y con la maleta a cuestas me dirigí al pequeño puerto para coger el primer barco que partiese. Compré el ticket y me subí a la pequeña embarcación de madera.

El viaje era corto, pero el tiempo me engañaba alargando los minutos, riéndose de mí haciendo que el trayecto se me hiciese interminable. Una espesa niebla lo cubría todo, yo dudaba de cómo el capitán del ferry podía ver por dónde íbamos ya que el mar parecía haber desaparecido bajo un manto blanco.

El Sol ya se había ocultado y por fín, a lo lejos, divisé, no sin cierto pavor, el final del viaje: el puerto de Lymington con su pequeño faro guiándonos entre la niebla como moscas hacía la luz.

El ferry escupió su carga y yo me encontré, cartera en mano, en un camino de tierra frente a un coche del que se bajó el hombre más peculiar que había visto en mucho tiempo: vestía un uniforme pasado de época y llevaba el pelo cano peinado hacia atrás despejando su cara de rasgos afilados y amenazadores. Su rostro surcado de mil arrugas decía muchas cosas acerca de su vejez y sus años pero lo que más me sorprendió fueron sus ojos grises, fríos y duros como el acero, pero aún así extrañamente serviciales.

-Señor Howard, bienvenido a la Isla de Wight, su tío le espera.- No pregunté cómo había sabido que era yo la persona a la que buscaba, tampoco pregunté el porqué de un coche tirado por caballos en vez de las maravillas de vehículos a motor que se vendían desde hacía algún tiempo, simplemente me subí a la parte de atrás del anticuado, aunque lujoso, carro y me encaminé hacia Raven's House…

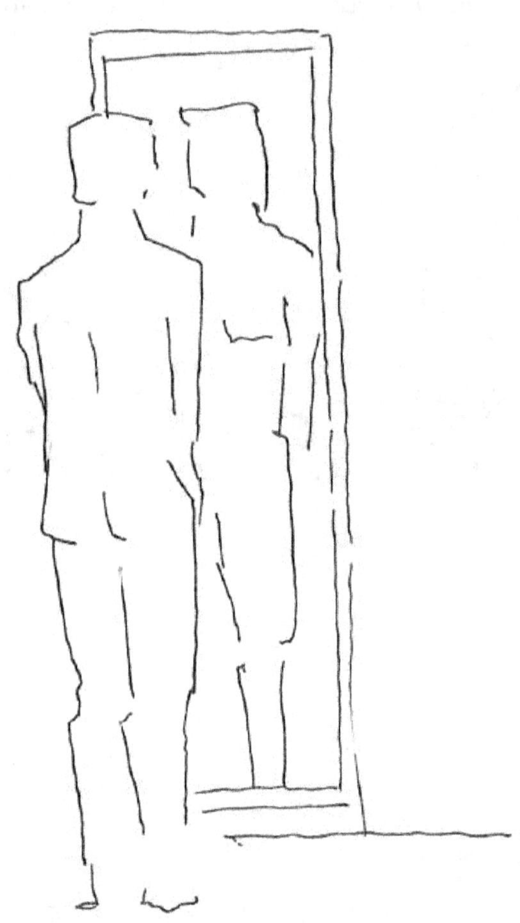

She.

Abrir los ojos y descubrir que algo ha cambiado. Despertarte una mañana y darte cuenta de que tu vida ya no va a ser la misma. Acercarte al espejo como cada día y observar que sí, te han salido tetas. Efectivamente, unas nuevas protuberancias se instalan en tu pecho y te preguntas que talla de sujetador usarás. Pero eso no es lo único que ha cambiado, notas que falta algo, te sientes vacío y echas de menos alguna cosa, aunque no sabes qué exactamente. Y de pronto la evidencia salta ante ti y te hace caer de espaldas contra la cama, deslizas tu mano hasta la entrepierna y…efectivamente, ahí no hay nada. Lo que antes colgaba y te hacía presumir ante tus amigos ahora se ha retraído misteriosamente y te hace sentir extraño, porque lo de los pechos está bien, pero esto ya…

¿Y ahora qué? Te preguntas. Te levantas a duras penas de la cama y vuelves al espejo. La verdad es que estás cañón: el pelo negro canoso que empezaba a escasear se ha transformado en una melena roja que se desborda en bucles mareantes por tus nuevos hombros más delgados y definidos. Los rasgos faciales se han redondeado, los pómulos se han hinchado y han adquirido un característico rubor e incluso te ha salido un pequeño lunar encima de los labios, que ahora son más carnosos. Los ojos siguen siendo marrones, algo al menos queda de tu masculino pasado.

Te pones a pensar en lo que vas a hacer a continuación y asombrosamente tu mente empieza a llevarte de un tema a otro relacionándolos todos de la manera más incomprensible e inconexa. Se muestra ante ti la lista de la compra que hiciste el día anterior y te das cuenta de que está incompleta, el armario donde guardas tus inútiles camisas aparece también y decides que hay que reorganizarlo entero, incluso te da tiempo a pensar en que deberías reformar el baño. Obligas a tu mente a detenerse y te das cuenta de que no sólo has cambiado físicamente, tu forma de pensar también ha sufrido una metamorfosis.

Sin saber todavía qué hacer te quitas el pijama de horribles cuadros azules que le sienta espantosamente mal a tu nuevo cuerpo y te vistes con unos vaqueros que se te van cayendo a cada paso y con una camisa rosa, por ir entrando en las costumbres femeninas. Sales a la calle y te sorprende que, aunque todo sigue igual, tú lo ves de forma distinta. El día anterior no te hubieras fijado en absoluto en esa caca de perro que está enfrente de ti, pero hoy te parece la cosa más repugnante que has visto nunca y te alejas tapándote la nariz casi a punto de vomitar. Descubres a lo lejos a la señora Douvoir, la vecina de arriba que nunca te caía bien por motivos que desconocías, hasta hoy que se presentan todos de golpe y descubres que es una hipócrita, una mujer amargada que lo único que sabe hacer es cotillear sobre la vida de la gente y que encima usa un tinte de pelo que no le favorece en absoluto, será perra... Pasa a tú lado y la saludas, ella te mira extrañada y sigue su camino sin detenerse siquiera.

Sigues sin saber qué hacer, así que continuas andando torpemente con tus deportivas de la talla cuarenta y tres que lo único que consiguen es hacerte tropezar. Entonces lo ves claro, necesitas comprar algo y rápido. Te encaminas hacía la zapatería de la esquina y cuando entras vas, casi sin darte cuenta, a la sección de calzado de señora donde te encuentras más a gusto que en el propio Valhalla. Los nombres de los diseñadores entran en ti y los reconoces absolutamente a todos: Jean Paul Gaultier, Manolo Blahnik, Yves Saint Laurent… a partir de ahora se convierten en tus mejores amigos.

Eliges unos tacones rojos y los pones en la caja para pagar, sacas la tarjeta de crédito y se la das al dependiente, luego le muestras el DNI y esperas. El empleado te mira, después baja la vista de nuevo al DNI, otra vez te mira, otra vez al DNI, a ti, al DNI… y caes en la cuenta de que quizá no salgas lo suficientemente favorecedora en la foto de carné o tal vez el bigote que lucías antes es lo que desconcierta tanto al dependiente. Guardas el DNI casi indignada y fijas la mirada en los ojos del hombre, una mirada que podría matar por sí sola. Al empleado no le pasa desapercibida la amenaza e introduce la tarjeta en el datáfono, tecleas el número secreto y te marchas casi sin oír el "vuelva pronto" que el aturdido vendedor dice a tu espalda. A pesar de todo estás feliz por tu nueva adquisición.

Vuelves a casa y te entran unas ganas imparables de comer chocolate. Vas a la nevera y no hay, empiezas a sudar, necesitas cacao, tu paladar te lo está pidiendo a gritos. Bajas de nuevo y entras en el supermercado casi histérica, buscas en las estanterías y no lo encuentras, preguntas al dependiente y cuándo te dice que se les ha agotado sientes un deseo irrefrenable de estamparle contra la pared por su ultraje, aún así no lo haces y le sonríes. Te marchas con las lágrimas a punto de desbordarse, subes las escaleras cochambrosas de tu piso pensando en lo cruel que es la vida y entras en casa sin ganas de vivir. Te echas sobre la cama, no sin antes sacudir las sábanas, y lloras. Y así es como a la mañana siguiente te despiertas con el mismo cuerpo pero con una diferencia, sientes un dolor bajo el estómago casi inhumano. Apelas a todos los santos que conoces pero el dolor no remite. Te levantas de la cama aturdida, sintiendo que explotas por dentro. Te acuerdas del empleado del supermercado del día anterior, de su hermana, de su madre y de toda su familia también y le odias, le odias porque realmente necesitabas ese chocolate. Sientes náuseas y ganas de matar a alguien, menos mal que siempre has vivido solo. Vas al cuarto de baño sintiendo que algo se ha roto en tu interior, lo notas bajando por la entrepierna. Los recién estrenados ovarios te duelen de una manera difícil de soportar y es entonces cuando ves la sangre. ¿Así qué esto es lo que llaman "el periodo"? ¿Esto lo que vas a tener que soportar cada veintiocho días? Qué cruel y horrible es la vida. Pero mira el lado bueno, por lo menos no estás embarazada.

www.ingramcontent.com/pod-product-compliance
Lightning Source LLC
LaVergne TN
LVHW010651200726
843507LV00011B/1826